Jola und die Sache mit den Pferden

Lin Hallberg
JOLA
und die Sache mit den Pferden

Aus dem Schwedischen übertragen
von Iris Schubert

KOSMOS

Umschlaglayout und -illustration: Isabelle Göntgen, Oberkirch

Originaltitel: Det är jag som är Juni © 2014, by Lin Hallberg, first published by
Rabén & Sjögren, Sweden, in 2014
Published by arrangement with Rabén & Sjögren Agency

Unser gesamtes lieferbares Programm und viele
weitere Informationen zu unseren Büchern,
Spielen, Experimentierkästen, DVDs, Autoren und
Aktivitäten findest du unter **kosmos.de**

© 2016, Franckh-Kosmos Verlags-GmbH & Co. KG, Stuttgart
Alle Rechte vorbehalten
ISBN 978-3-440-15033-7

Redaktion: Hannah Tannert
Übersetzung: Dr. Iris Schubert
Produktion: Verena Schmynec
Innenlayout und Satz: DOPPELPUNKT, Stuttgart
Printed in Germany/Imprimé en Allemagne

Wie es ist, Jola zu sein

Hallo! Ich heiße Jola und bin elf, fast zwölf Jahre alt.

Wenn ich mit meiner besten Freundin Alba abhängen und mit meinem Kater Marmelade spielen darf, bin ich vollkommen zufrieden mit dem Leben. Aber irgendwie reicht das dem Rest der Welt nicht. Für meine Mama und meinen Papa ist ein richtiges Kind eines, das ständig mit einer Menge Hobbys beschäftigt ist. Sie können sich den Mund fusselig reden darüber, wie toll es doch ist, neue Dinge auszuprobieren. Sich zu bewegen. Neue Freunde zu finden. Sich weiterzuentwickeln. Ja, ihr wisst schon. Die Liste könnte man noch ewig fortführen.

Ich hab wirklich versucht, ein Hobby zu finden, das zu mir passt. Wenn ich vor mich hinträume, kann ich mir alle möglichen Sachen vorstellen: Jola beim Showtanzen zum Beispiel – ein Riesenerfolg auf der Bühne, so was in der Art. Als ich tatsächlich mal bei einer Showtanzgruppe angemeldet war, hielt dieser Seifenblasentraum nur so lange, bis Mama und ich Tanzkleider kaufen gingen. Die Kleider, die im Schaufenster noch unglaublich toll ausgesehen hatten, wurden zu einer reinen Farbkrankheit, als ich sie anhatte. Ich schwöre, es war, als bekäme der Spiegel in der Umkleidekabine einen Schock, als ich mich zeigte.

„Die Hauptsache ist, man gefällt sich selber", sagte Mama, aber das hab ich ihr nicht abgekauft. Sie würde mich nie dazu bringen, als Showtänzerin aufzutreten, gekleidet wie ein neonfarbener Clown!

Eine Weile dachte ich, Schwimmen könnte mein Ding sein – nicht zu anstrengend und so. Ich meine, immerhin spart man sich ja das Schwitzen. Aber dann hab ich das Chlorwasser nicht vertragen und meine Haare wurden grün! Und ganz ehrlich – kann es wirklich Spaß machen, in einem Becken stundenlang vor und zurück zu schwimmen wie ein Goldfisch, der sich nach Freiheit sehnt?

Dann dachte ich, Tennis wäre eventuell cool. Vermutlich lag das an den kurzen weißen Röckchen – ein bisschen schick sein, obwohl man Sport treibt. Ich konnte ja nicht wissen, dass ich die Bälle nicht sehen würde, wenn sie angeschossen kamen … Als Papa anfing, davon zu faseln, dass ich eine Brille brauchen könnte, und einen Termin beim Optiker machen wollte, war es Zeit, den Tennisschläger beiseitezulegen. Tja, und dann gab es ein riesiges Gejammer wegen all der Sachen, die wir gekauft hatten. Aber was kann man dafür, wenn man einfach Angst vor diesen harten, kleinen Tennisbällen hat? Dann geht es halt nicht.

Das Allerschlimmste, was ich je ausprobiert habe, war aber

die Segelschule, zu der Papa mich angemeldet hat. Jedes Mal, wenn ich an Bord steigen sollte, bin ich ins Wasser gefallen. Das war wirklich ultrapeinlich. Und dabei bin ich ja eigentlich daran gewöhnt, mich zum Affen zu machen.

„Meine Güte, wie tollpatschig du bist", sagt meine beste Freundin Alba ständig mit einem Seufzen.

Dann ist es ganz schön anstrengend, Jola zu sein. Denn ich will ja alles machen, was Alba macht. Wie sollen wir sonst für immer Freunde sein?

Na gut. Wenn ich ehrlich bin, sieht es eigentlich so aus: Ich heiße Jola Sandström. Ich bin elf, fast zwölf Jahre alt. Ich bin faul, hab kein Ballgefühl, ich passe nicht in Showtanzkostüme und falle jedes Mal ins Wasser, wenn ich auf ein Boot steigen soll. Ich hab bei einem Orientierungsclub mitgemacht und mich verlaufen. Beim Kunstspringen bin ich fast gestorben. Ich hab Hochsprung und Schwimmen ausprobiert und war in einer Fußballmannschaft. Ich hab beim Eiskunstlauf mitgemacht und in einer Snowboardschule. Einmal hab ich Klettern probiert und da ist es richtig unheimlich geworden! Ich bin tollpatschig und ein bisschen gedankenverloren. Die, die mich mögen, sagen, dass das süß sei. Andere treibe ich damit in den Wahnsinn.

Wir haben ein „J"-Motto in unserer Familie. Als Mama und Papa sich kennengelernt haben, hieß Mama Judith Sand und Papa Jesper Ström. Als sie geheiratet haben, haben sie entschieden, ab sofort Sandström als Nachnamen zu führen. Ich bin im Januar geboren und heiße Jola. Mein kleiner Bruder heißt Jack, aber daran ist sonst nichts Spezielles.

Aber halt! Jetzt hab ich doch glatt das M in unserer Familie vergessen. Marmelade Sandström ist ein orange gestreifter Kater. Anfangs hat er der ganzen Familie gehört, aber mittlerweile gehört er eigentlich nur noch mir. Marmelade hat mein Bett zum Schlafplatz, die Wände meines Zimmers zum Kratzbaum und meinen Schreibtisch zur Entspannungszone umfunktioniert. Dort liegt er meistens stundenlang rum und sonnt sich. Oder beobachtet die Vögel, die im Apfelbaum vor dem Fenster sitzen. Ich glaube, er ist davon überzeugt, dass er jederzeit nach draußen gehen und sie fangen könnte. Aber in Wirklichkeit würde er es nie schaffen. Marmelade liebt Leberwurst, Sardinen aus

Nimm's leicht!

der Dose und Dorsch. Wenn du nicht weißt, wo Marmelade gerade ist, musst du nur „Dorsch" rufen, dann kommt er. (Vielleicht denkt er auch einfach, dass er Dorsch heißt …)

Ich liebe Marmelade! Wir haben einen eigenen Club, den „Faultier-Club". Wenn jemand fragt, was ich nach der Schule noch vorhabe oder ob ich irgendwohin mitkommen will, sage ich ganz oft: „Ich kann leider nicht, ich muss noch zum Faultier-Club." Dann dürfen die anderen ruhig zu ihren verschiedenen Trainings hetzen, so viel sie wollen. Faulenzen ist ein Hobby, das ich wirklich mag.

So bin ich also. Ein Mädchen, das es liebt, rumzugammeln, mit Marmelade abzuhängen, am Computer zu spielen, zu lesen und mit Alba zu quasseln. Alba und ich sind schon seit dem Kindergarten befreundet. Nach Mama, Papa und Marmelade ist sie die wichtigste Person in meinem Leben, auch wenn sie manchmal ein bisschen anstrengend sein kann. Alba will nämlich dauernd irgendwas unternehmen. Manchmal verstehe ich nicht, wie sie mit mir befreundet sein kann. Alba ist alles, was ich nicht bin. Es ist, als würde sie die ganze Zeit hüpfen, und wenn sie gerade nichts anderes vorhat, geht sie auf den Händen oder so was. Alba spielt Fußball, tanzt Showtanz, läuft Schlittschuh wie eine Eisprinzessin und rast jeden noch so steilen Berg mit ihrem Snowboard runter. Es liegt wohl hauptsächlich an Alba, dass ich so viele Sachen ausprobiert habe. Schließlich will ich ganz viel mit ihr zusammen sein.

Es ist mein Glück, dass Alba nicht genauso faul ist wie ich. Denn sie schafft es, Fußball zu spielen, Showtanz zu tanzen und trotzdem noch ganz oft mit mir zu quatschen. Während Alba zwischen ihren diversen Hobbys hin und her rast und keine Zeit für mich hat, liege ich daheim auf dem Sofa mit Marmelade und – ja genau – faulenze.

Letztens hatte ich zu hoffen begonnen, Alba habe das Projekt, mich zu irgendwelchen Hobbys zu überreden, aufgegeben. Ich hatte gerade angefangen, mich so richtig zu entspannen. Das hätte ich nicht tun sollen. Denn da zündete Alba ihre neueste Hobbybombe.

Die Bombe

Alba und ich saßen gerade da und quatschten, als sie die Bombe krachen ließ.

„Ich weiß jetzt, was wir zusammen machen könnten", sagte Alba.

„Schokoladenbrote?", schlug ich vor.

„Quatsch!" Alba lachte. „Etwas viel Größeres."

„Ich weiß!", rief ich. „Wir werden Mitglied in einem Club, in dem man Rätsel löst."

„Nein", sagte Alba. „Wir lernen reiten!"

„Reiten?!"

„Ja", zwitscherte sie. „In einer Reitschule."

„Auf Pferden?"

„Nein, auf Elefanten, du Döskopp", antwortete Alba und boxte mich in den Bauch.

Dann rollten wir eine Weile auf dem Boden rum und kitzelten einander, bis wir vor Lachen jaulten und um Gnade bettelten. Da war Marmelade schon lange verschwunden. Er mag keinen Krach.

Als wir mit der Rangelei fertig waren, setzten wir uns

wieder mit gekreuzten Beinen voreinander hin, in unsere Quasselstellung. Alba legte ihren Kopf schief.

„Bitte, Jola!", sagte sie. „Wir können es doch zumindest mal probieren. Ich glaube, das wird superlustig."

„Pferde?", wiederholte ich, als wäre ich etwas begriffsstutzig und würde überhaupt nichts kapieren. Dann saß ich eine Weile schweigend da und versuchte, Ausreden zu finden, warum die Sache mit den Pferden nichts für mich war.

„Ich bin vermutlich nicht gut im Reiten", versuchte ich es zunächst.

„Komm schon, Jola!", quengelte Alba. „Das kannst du doch nicht wissen, ohne es probiert zu haben."

Ich verrate euch was – das sagt Alba immer, wenn wir etwas Neues ausprobieren wollen. Entweder ist sie völlig bescheuert oder sie glaubt wirklich immer noch, dass es ein Hobby gibt, das Jola meistern wird. Alba kann total überzeugend sein. Jetzt erklärte sie mir zum Beispiel lang und breit, dass ich doch Tiere liebe und dass Pferde mich genauso gernhaben würden, wie Marmelade.

„Und später, wenn wir gelernt haben, wie man reitet, kaufen wir beide ein Pferd und galoppieren zusammen durch den Wald", erzählte Alba verführerisch. „Dann musst du nicht mehr selber laufen."

„Ich weiß nicht", antwortete ich. Ich dachte darüber nach, dass Alba sicher total pferdeverrückt werden würde. Vermutlich sähe ich sie dann nie wieder!

„Ich hab schon alles abgecheckt", sagte Alba. „Am Mittwoch fängt eine Anfängergruppe an und es gibt noch zwei freie Plätze."

„Am Mittwoch", wiederholte ich – wie ein Papagei.

Alba nickte und sah immer noch ganz glücklich aus.

„Man kauft zehn Reitstunden", sagte sie. „Und bekommt ein Schnuppertraining."

Alba war in Topform. Sie malte mir aus, wie viel Spaß wir haben, wie goldig die Pferde in der Reitschule sein würden und wie nett die Reitlehrerin. Am Ende willigte ich ein, Mama und Papa zu fragen.

„Aber ich glaub nicht, dass ich darf", meinte ich. „Papa ist immer noch sauer, weil ich mit der Tennisschule aufgehört hab. Und sobald ich nur einen Pieps darüber lasse, dass ich gern etwas Neues machen würde, seufzt Mama. Und meckert über die ganze Ausrüstung, die sie für mich gekauft haben und die jetzt nur noch im Schrank rumliegt und vergammelt."

„Aber sie wollen doch auch, dass du ein Hobby findest, das dir Spaß macht", sagte Alba und sah so listig aus, wie nur sie es kann.

„Aber mittlerweile sollte es möglichst etwas sein, das kein Geld kostet", antwortete ich.

„Du *musst* sie überreden", sagte Alba. „Sag, dass du stirbst, wenn du nicht darfst. Bitte, Jola! Ich kann das nicht ohne dich machen."

Auf Ehre und Gewissen

Als Alba weg war, lag ich mit Marmelade auf dem Sofa und dachte über Pferde nach. Ich stellte mir vor, wie es werden könnte, wenn ich wirklich mit dem Reiten anfangen würde. Der Tagtraum wurde so echt, dass ich Alba und mich regelrecht sehen konnte – zwei glückliche Mädchen mitten im Abenteuer mit ihrem Pferd. Meines war weiß, so eins mit langer Mähne und dichtem Schweif …

Als es Zeit fürs Abendessen war, fühlte es sich an, als müsste ich nur noch reiten lernen, dann wäre das Leben perfekt.

„Und wie war dein Tag, Jola?", fragte Mama, als ich mich an den Tisch gesetzt hatte.

In meinen Träumen

„Spitzenmäßig", antwortete ich strahlend. „Mir ist endlich eingefallen, was ich gerne machen würde."

„Na, das ist doch nett", erwiderte Mama, aber man konnte hören, dass sie es ganz anders meinte.

„Fängst du an mit Skaten?", fragte Jack kichernd. „Oder nein, ich weiß! Du spielst Handball, oder …"

„Hör schon auf", fauchte ich. „Das ist nicht witzig."

Mama und Papa hörten unserem Gestreite nicht mal zu, sondern hatten angefangen, über etwas ganz anderes zu reden.

„Hallo!", sagte ich streng. „Ihr könnt doch nicht die ganze Zeit sagen, dass ich endlich etwas Vernünftiges machen soll, und euch dann nicht dafür interessieren, wenn ich etwas gefunden habe."

„Meine Süße", sagte Papa. „Entschuldige, natürlich will ich hören, was du gefunden hast."

„Alba und ich wollen anfangen zu reiten", antwortete ich etwas verschnupft.

Da bekam Jack einen riesigen Lachanfall und die Köttbullar*, die er gekaut hatte, spritzten in kleinen Bröckchen über den gesamten Tisch.

„Also echt, Jack, mach den Mund zu", sagte Mama matt.

„Reiten?", meinte Papa nachdenklich. „Glaubst du wirklich, dass das etwas für dich sein könnte?"

---

* Das ist Schwedisch und heißt „Frikadelle".

„Ja." Ich nickte und versuchte, Mama nicht anzuschauen, die total müde aussah, während sie mich anstarrte.

„Das ist keine so gute Idee, Jola", meinte sie.

„Reiten ist sehr teuer", ergänzte Papa.

„Und gefährlich", sagte Mama.

Ab hier war es so, als hätte sich mein Hirn festgefahren, und ich wollte nur noch eins: reiten lernen. Vor mir saßen eine Mutter und ein Vater, die nicht verstanden, was ihre Tochter brauchte. Eine Mutter und ein Vater, die man überzeugen musste. Koste es, was es wolle!

„Ich liebe Tiere", begann ich. „Wenn ich anfangen darf mit Reiten, werde ich sicher die ganze Zeit im Stall abhängen …"

Um es abzukürzen: Es gelang mir schlussendlich, die zehn Reitstunden zu erbetteln. Aber zu welchem Preis! Ich musste versprechen, ein ganzes Schuljahr die Spülmaschine auszuräumen, jeden Samstag im Wohnzimmer staubzusaugen, und mich außerdem dazu verpflichten, Marmelades Katzenklo von nun an bis in alle Ewigkeit zu putzen (also, bis er stirbt, und ich hoffe, das wird niemals der Fall sein). Obendrein brachten sie mich dazu, zu schwören, dass, was auch immer geschehen würde, ich diese zehn Reitstunden ableisten würde.

„Das darf nicht wie mit all den anderen Hobbys werden", warnte Papa.

„Ich will kein Wort davon hören, dass du allergisch bist

oder zu viel Angst hast weiterzumachen oder irgend so etwas", fügte Mama hinzu.

„Hört schon auf!", murmelte ich seufzend.

„Zehn Reitstunden", sagte Papa mit feierlicher Stimme.

„Das ganze erste Schulhalbjahr", echote Mama.

Ich benahm mich wie der tollste Krieger und sagte zu allem Ja und Amen. Alba wäre stolz auf mich gewesen. Dann gaben Mama, Papa und ich uns die Hand auf das, was wir abgemacht hatten.

„Das wirst du bereuen", meinte Jack und kicherte schon wieder.

„Was man versprochen hat, muss man auch halten", sagte Papa streng. „Das weiß Jola."

An diesem Punkt war ich für einen Moment plötzlich kurz davor, zu sagen, dass ich nur Spaß gemacht hatte. Dass ich eigentlich überhaupt nicht reiten wollte. Aber das würde nun etwas schwierig werden. Außerdem musste ich an Alba denken. Auf einmal wurde ich nur noch nervös, wenn ich ans Reiten dachte. Also lagen Marmelade und ich nach dem Abendessen auf dem Sofa und bereuten. Ich dachte an Pferde, die groß sind wie Häuser, und überlegte, wie man überhaupt auf die raufkam. Ich versuchte, den Traum mit dem herrlichen Galopp im Wald wieder hochzufahren, doch sobald das Pferd zu rennen anfing, fiel ich herunter. Ich musste Alba anrufen, um das nervöse Geflatter in meinem Magen zu beenden.

„Hast du gefragt?", schrie Alba, als sie hörte, dass ich dran war.

„Ich darf!", brüllte ich.

„Jaaa!" Alba rief so laut, dass ich gezwungen war, den Hörer ans Bein zu drücken.

„Das wird so lustig!", brachte Alba keuchend hervor, als sie mit Schreien fertig war.

„Ich hoffe, ich schaff das", sagte ich, denn Alba kann ich alles sagen.

„Natürlich schaffst du das", munterte mich Alba auf.

„Ich kapiere nicht mal, wie man auf die draufkommen soll." Ich seufzte.

„Das bringt uns die Reitlehrerin bei", meinte Alba zuversichtlich.

Es ist schön, wenn Alba so optimistisch und überzeugend ist. Das ist tatsächlich irgendwie ansteckend. Das ganze Wochenende liefen Alba und ich herum und sehnten uns nach Pferden und hatten es total gemütlich. Erst als wir anfingen, darüber zu reden, was wir anziehen sollten, wurde es wieder etwas stressig.

„Man muss Schuhe mit Absatz anziehen", sagte Alba. „Sonst kann der Fuß durch den Steigbügel rutschen und dann steckt man fest und bleibt hängen, wenn das Pferd durchgeht."

„Was?"

„Also wenn man runterfällt", ergänzte Alba.

Ich bekam Herzrasen und Atemnot. Mit Alba auf den Fersen rannte ich in den Flur hinaus und fing an, hektisch in unserer Garderobe herumzukramen.

„Ich werde in den Tod stürzen", wimmerte ich, während ich zwischen all den flachen Schuhen ohne Absatz stand.

Nach einer Weile kam Mama und fragte, was in aller Welt wir da machten. Ich musste alles, was ich herausgekramt hatte, zurückstellen, bevor sie meine gefütterten Wildlederstiefel vom letzten Winter herauszog und sagte, dass die bestimmt taugen würden.

„Vielleicht ...", meinte Alba zögerlich. „Aber wird das nicht ziemlich warm?"

„Ich werde mich total blamieren", klagte ich. „Das ist so unglaublich peinlich."

„Wir haben ein paar gebrauchte Reitstiefel aus Plastik gekauft", sagte Alba. „Die waren gar nicht teuer."

„Wir kaufen *keine* neue Ausrüstung", knurrte Mama und dann ging sie.

Alba und ich sind totale Katalogfans. Wir mögen wirklich alle Arten von Katalogen: Möbelkataloge, Kleiderkataloge, Technikkataloge. Alle machen gleich viel Spaß. Wir können stundenlang dasitzen, Sachen aussuchen und Listen schreiben von Dingen, die wir gerne haben wollen. Wenn wir fertig sind, brauchen wir eigentlich überhaupt nichts mehr. Mit der Liste hat sich das erledigt.

Am Montag vor der ersten Reitstunde rief Alba mich an und war total aufgeregt.

„Komm schnell zu mir!", bettelte sie. „Ich hab Reitsportkataloge bekommen!"

Ich hatte es plötzlich so eilig, dass Mama nur mit offenem Mund dastand, als ich im Flur an ihr vorbeisauste.

„Ich geh mal schnell zu Alba", brachte ich atemlos hervor. „Wir schauen Pferdesachen an."

Alba wohnt mit ihren Eltern und zwei kleinen Geschwistern in einem Reihenhaus, nur ein paar hundert Meter von unserer Wohnung entfernt. Wenn ich mich aus meinem Zimmerfenster lehne und Alba sich aus ihrem Küchenfenster hängt, können wir einander zuwinken. So nah ist das.

Ich liebe es, bei Alba zu sein. Alles ist so schön durcheinander und gemütlich bei ihr. Albas jüngere Geschwister sind Zwillinge. Sie heißen Wiggo und Wilma. Papa sagt, dass die Zwillinge ziemlich wild sind. Alle in der Familie sind genauso aktiv wie Alba. Wenn man die Haustür öffnet und reingeht, ist es, als hätte man auf einen Licht-, Ton- und Actionschalter gedrückt. Nach ein paar Stunden bin ich immer völlig fertig.

Heute war Alba allerdings allein zu Hause. Wir breiteten uns in der Küche aus und Alba machte uns eine heiße Schokolade. Währenddessen fing ich an, in den Reitsportkatalogen zu blättern.

„Hast du all diese tollen Sachen gesehen?", schwärmte Alba.

Ich nickte zustimmend, aber wenn ich ehrlich bin, wurde mir beim Blättern eher angst und bange. Es gab seitenweise karierte Reithosen und passende Fleecepullover und figurbetonte Jacken. Vor meinem inneren Auge sah ich bereits, wie Jola Sandström neben all den hübschen Mädchen aus dem Katalog stand, bekleidet mit ein paar gefütterten Winterstiefeln, einer ausgebeulten Trainingshose und einer Daunenjacke, die mal Mama gehört hatte – schon etwas lang, die Ärmel, aber die muss man ja nur ein bisschen hochkrempeln (meinte Mama).

„Es gibt da etwas, was ich dir sagen muss", meinte ich schließlich.

„Mm", machte Alba, während sie das Bild eines Pferdekopfs im Katalog streichelte.

„Ich werde nicht mit dem Reiten anfangen können", sagte ich.

„Hör schon auf", murrte Alba.

„Ich will doch nicht mehr", sagte ich.

„Jola!" Alba starrte mich so lange an, bis ich zurückschauen musste.

„Wir pfeifen auf die Klamotten", sagte sie. „Die können wir immer noch kaufen. Das ist doch nicht so wichtig."

„Du hast leicht reden", beschwerte ich mich. „Ich hab ja noch nicht mal Reitstiefel."

„Wir tauschen", meinte Alba. „Du bekommst meine."

„Du machst wohl Witze", sagte ich.

„Ich mache niemals Witze", antwortete Alba und kicherte.

Zwei Meter hohe Pferde

Albas Reitstiefel waren leider ziemlich klein. Es fühlte sich an, als wären meine Zehen gefaltet, als ich im Flur herumstolperte und mich anzog. Und egal wie ich die Ärmel von Mamas Daunenjacke krempelte, sie rutschten immer wieder runter. Am liebsten hätte ich einen Anfall bekommen und mich einfach auf den Boden gelegt und geweigert. Aber ich war allein zu Hause und damit fiel das wohl aus.

„Du schaffst das, Jola Sandström", murmelte ich, als ich die Tür schloss und die Straße runterlief mit meinen gefalteten Zehen.

„Beeil dich!", rief Alba, die schon an der Bushaltestelle wartete.

„Ich kann nicht schneller gehen", grummelte ich – ziemlich sauer, um ehrlich zu sein, aber Alba schien es nicht zu merken. Sie war bereits in ihrem typischen Alba-Rausch – den sie immer bekommt, wenn sie losgeht, um neue lebensgefährliche Sportarten auszuprobieren.

„Ich bin völlig nervös." Alba kicherte überdreht. „Und meine Füße schwitzen ganz eklig."

„Wir können es immer noch sein lassen", sagte ich.

„Niemals", antwortete Alba.

Dann saßen wir die ganze Busfahrt über schweigend da und starrten nur vor uns hin. So ist das mit Alba und mir. Wir müssen nicht die ganze Zeit reden. Als der Busfahrer über die Lautsprecher „Malmen" rief, zuckten wir zusammen und starrten einander an.

„Wir sind da", piepste Alba.

„Okay", stammelte ich und drückte mit einem Keuchen auf den Knopf zum Anhalten.

Ich hinkte los. Alba war rot im Gesicht und total verschwitzt. Außerdem musste sie ein bisschen schlurfen während des Gehens, weil ihr meine Stiefel zu groß waren. Wir stolperten aus dem Bus und warteten, bis er abfuhr. Als er sich an uns vorbeigeschoben hatte, war es plötzlich, als öffnete sich ein Vorhang ...

Auf der Weide gegenüber standen mehrere Pferde. Sie sahen aus, als wären sie mindesten zwei Meter hoch. Eins kam an den Zaun. Es schien, als wolle es Hallo sagen, aber als Alba die Hand ausstreckte, drehte es durch. Das Pferd schnaubte laut, schlug mit dem Kopf und sah total wahnsinnig aus.

„Ist ja gut", versuchte ich, es zu beruhigen.

Da machte das Pferd einen Riesensatz aus dem Stand und furzte, dass es krachte, bevor es davonbrauste.

„Der hat gefurzt!", sagte Alba völlig entgeistert.

„Schäm dich", rief ich ihm hinterher und danach konnten wir uns vor Lachen kaum noch halten. Wenn wir einmal angefangen haben, können wir nicht mehr aufhören. Wir mussten uns an die Stallwand lehnen, um Luft zu holen, bevor wir reingehen konnten. Drinnen stand eine Gruppe Mädchen und wartete. Ein Teil von ihnen hatte richtige Reitkleidung, aber die meisten sahen aus wie wir: mit alten, entweder zu großen oder zu kleinen Klamotten. Ich ratterte die Liste in meinem Kopf herunter, um ruhig zu bleiben: *Schuhe mit Absatz, weiche Hosen, robuste Kleidung. Schuhe mit Absatz, weiche Hosen, robuste Kleidung …*

„Seid ihr auch in der Anfängergruppe?", fragte Alba und die Mädchen nickten.

„Die Reitlehrerin meinte, wir sollen hier warten", sagte eine von ihnen.

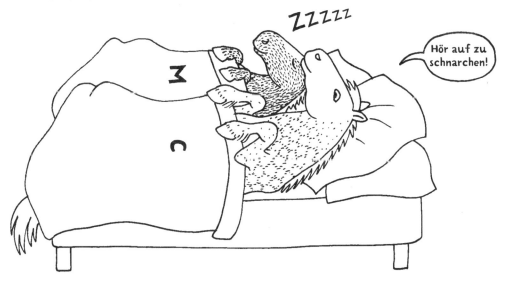

Direkt hinter der Tür hing eine große Tafel. Dort standen Dinge wie „Hufschmied am Donnerstag", „Vergiss nicht die Decke für Martina und Cosmo", „Anfängergruppe mittwochs, Einführung mit Karen".

Das müssen wir sein, dachte ich, während ich versuchte, in den Stiefeln meine Zehen zu bewegen. Die Uhr an der Wand zeigte zehn vor drei. Das Ticken der Zeiger fühlte sich an wie der Countdown bis zum Ende aller Zeiten. 10, 9, 8, 7, 6, 5, 4, 3, 2, 1 – peng, da stand unsere Reitlehrerin vor uns! Sie sah genauso aus wie die Mädchen im Katalog. Braun karierte Reithosen mit Leder am Po und entlang der Oberschenkel. Reitstiefel mit einem Reißverschluss vorne. Fleecepulli, eng anliegende Jacke und außerdem ein blonder Pferdeschwanz. Sie lächelte uns an und ging in ein Zimmer mit einem großen Fenster, schob das Glas zur Seite und sah uns an.

„Acht Neulinge, oder?", fragte sie.

„Ja", flüsterten wir.

„Toll!" Sie nickte so heftig, dass der Pferdeschwanz hin und her hüpfte. „Ich heiße Karen."

Dann rief sie unsere Namen auf und hakte uns auf einer Liste ab. Die, die noch nicht bezahlt hatten, taten das jetzt und dann blieb uns nichts anderes übrig, als mit dem Unterricht anzufangen.

„Heute reden wir hauptsächlich darüber, wie wir uns im Stall verhalten", sagte Karen. Sie ging vor uns her zu den

Pferden rein. Ich hielt mich an Alba gepresst und versuchte, die riesigen Pferdehintern nicht anzuschauen.

„Außerdem werde ich euch unsere Pferde vorstellen und ein bisschen über deren Eigenheiten erzählen", fuhr Karen fort. „Dann bekommt jeder sein eigenes Pferd, das er striegeln darf. Dadurch lernt ihr euch ein bisschen kennen."

Ein seltsames Wort nach dem anderen prasselte aus Karens Mund. Es fühlte sich an, als wolle sie uns eine völlig neue Sprache beibringen – noch dazu in atemberaubender Geschwindigkeit. Die Pferde hatten *Halfter* auf dem Kopf. Von da ging ein *Führstrick* ab. Die Pferde standen auf *Stroh* in *Boxen* auf beiden Seiten der *Stallgasse*.

„Im Stall dürft ihr niemals rennen", sagte Karen. „Und passt auf, dass ihr nicht zu nah hinter den Pferden vorbeigeht. Wenn ihr zu eurem Pferd reingehen wollt, müsst ihr darauf achten, dass es weiß, dass ihr da seid."

„Was passiert sonst?", fragte ich etwas zittrig.

„Sonst bekommen sie Angst", meinte Karen lächelnd.

Einige der Pferde hatten neugierig ihre Köpfe in unsere Richtung gedreht. Große schwarze Augen fragten sich, was wir dort machten. Plötzlich fing eines von ihnen an, gegen die Wand zu treten, dass es donnerte. Doch es hörte sofort damit auf, als Karen es streichelte.

„Ist es böse?", fragte eines der Mädchen.

„Nein", meinte Karen. „Korint hat Hunger, aber das muss uns nicht kümmern, denn er hat immer Hunger."

Während wir dastanden und uns unterhielten, hob Korint den Schweif und ließ einen riesigen Haufen Kacke fallen. Es roch so unglaublich übel, dass ich mir die Hand vor die Nase halten musste. Fürchterlich!

Karen sprudelte weiter seltsame Worte heraus. Über den *Boxen* hingen die *Namensschilder*. In der *Sattelkammer* hingen ein *Sattel* und eine *Trense* für jedes Pferd. Darunter standen *Putzkästen* mit *Gummistriegeln*, *Schmusebürsten*, *Kardätschen*, *Mähnenkämmen* und *Hufkratzern*. Auf den Putzkästen standen die Namen der Pferde.

„So eine Riesenmenge Bürsten", murmelte ich.

„Ich werde mir die Namen nie merken", flüsterte Alba.

„Ich auch nicht", flüsterte ich seufzend zurück.

Karen marschierte weiter und wir folgten ihr brav. Raus aus der *Sattelkammer* und rein in die *Futterkammer*. Als ich als Letzte hereingehinkt kam, sah Karen mich besorgt an.

„Hast du dir was getan?", fragte sie.

„Mir tun nur meine Zehen ein bisschen weh", antwortete ich. „Das ist nicht so schlimm, aber ich sollte möglichst nicht so viel machen."

Ich hoffte, dass Karen sagen würde, dass es am besten wäre, wenn ich diese Lektion aussetzte, aber das tat sie nicht. Stattdessen zeigte sie uns eine Menge Zeug, das die Pferde essen sollten. Ein *Futtertrog* mit *Hafer*, einer mit Mais und dann etwas, das *Rübenschnitzel* genannt wurde und das man einweichen musste, damit es aufquoll.

„Es ist sehr gefährlich für die Pferde, dieses Futter zu fressen, wenn es noch trocken ist", warnte Karen. „Denn dann quillt es in ihren Mägen auf und das ist sehr schlecht. Davon können sie eine *Kolik* bekommen."

Entlang der Wand standen hohe Stapel mit *Heuballen*. Karen sagte, das sei getrocknetes Gras.

„Ein ausgewachsenes Pferd isst ungefähr acht Kilo am Tag", erzählte Karen und hielt einen Riesenballen Heu hoch, damit wir sehen konnten, wie viel das war.

Über der Futterkammer lag der *Heuboden*. Dort oben gab es noch mehr Heu und eine Menge gelber Halme, die die Pferde, die in der Box standen, als Unterlage bekamen. *Stroh*. Wir mussten abwechselnd die Leiter hinaufklettern und uns umschauen. Eines der Mädchen bekam einen schlimmen Niesanfall, als es da oben stand. Es nieste so sehr, dass Karen befürchtete, es würde runterfallen.

„Du hast vielleicht *Heuschnupfen*", meinte Karen.

Dann zeigte sie uns den Umkleideraum. Dort hingen viele Leihhelme, die wir anprobieren mussten. Als wir wieder herauskamen, hatte jede von uns einen Helm auf.

„Man sollte zunächst ein halbes Jahr geritten sein, bevor man sich seine eigene Ausrüstung kauft", sagte Karen. „Dann weiß man genau, ob man weitermachen will oder nicht."

Ich mochte Karen wirklich, aber zu diesem Zeitpunkt schaffte ich es kaum noch, richtig zuzuhören. Als wir weitergehen sollten, musste ich Albas Arm greifen.

„Lass uns tauschen", stöhnte ich.

„Was?", fragte Alba, die völlig in Karens Erklärungen versunken war.

„Die Stiefel ...", brachte ich keuchend hervor, während ich mich damit abkämpfte, Albas Reitstiefel auszuziehen.

Meine Winterstiefel fühlten sich so angenehm an, dass ich zum Rest der Gruppe schier hinübertanzte.

„So ist es besser, oder?", fragte Karen lächelnd.

„Absolut!", antwortete ich.

Dann gingen wir raus und schauten uns den *Reitplatz* an, wo ein paar Tanten hin und her und kreuz und quer ritten. Dann liefen wir in die *Reithalle* und setzten uns auf die *Tribüne*. Karen zeigte auf die Buchstaben, die rundherum an den Wänden hingen.

„Wenn ich zum Beispiel sage, dass ihr das Pferd bei A wenden sollt, ist es auf diese Weise leicht für euch, zu wissen, was ich meine."

Ich nickte, weil alle anderen nickten, aber tatsächlich kapierte ich überhaupt nichts. Doch da waren wir schon wieder auf dem Weg zurück in den Stall. Und dort waren wir aus der Anfängergruppe plötzlich nicht mehr die Einzigen. In jeder Box standen kleine Karen-Miniatur-Mädchen und bürsteten die Pferde.

„Schaut, die Stallmädchen sind da", sagte Karen. „Dann können wir jetzt die Pferde verteilen."

Buttricks

Karen schrieb acht Pferdenamen an die Tafel. Korint, Martina, Star, Buttricks, Kola, Samba, Sickan und Diamant.

„Ich will ein braves Pferd haben", piepste eines der Mädchen.

„Ich auch", echoten die anderen.

„Oje." Karen grinste verschmitzt. „Ich glaube, so viele brave Pferde haben wir gar nicht."

„Machst du Witze?", fragte ich.

„Ja!" Karen lachte. „Ein paar der Pferde sind etwas lebhafter und ein Teil ist manchmal ein bisschen träge, aber sie sind alle brav."

Erleichtertes Kichern breitete sich aus. Die erste von uns bekam ein Pferd namens Sickan zugewiesen und ging in den Stall. Dann war Alba an der Reihe.

„Du bist klein und leicht", sagte Karen. „Du kannst Star nehmen."

Es wurde richtig leer und kalt um mich herum, als Alba ging. Ich war so hippelig, dass ich erst gar nicht hörte, dass Karen meinen Namen aufrief.

„Jola Sandström", wiederholte Karen und sah sich um.

„Hier!" Ich reckte die Hand in die Luft, genau wie in der Schule.

„Sehr gut", sagte Karen. „Du bekommst Buttricks."

„Buttricks", wiederholte ich, während es sich gleichzeitig anfühlte, als wäre ich am Boden festgewachsen.

„Die dritte Box auf der rechten Seite", sagte Karen und zeigte in den Stall. „Dort findest du Buttricks und Saga."

Ich tapste in meinen weichen Winterstiefeln von dannen. Alba winkte mir fröhlich aus Stars Box zu. Sie war schon eifrig am Arbeiten mit einer dieser Bürsten. In der dritten Box auf der rechten Seite stand ein großes, braunweiß geflecktes Pferd. Es hatte einen riesigen Hintern und jede Menge Haare an den Beinen. Ich sah auf das

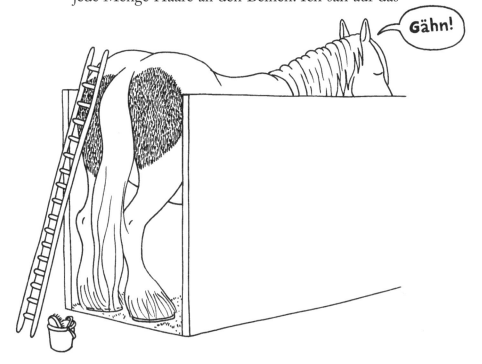

Namensschild, um zu prüfen, ob ich auch an der richtigen Box war.

Da stand »Buttricks«, aber sosehr ich auch suchte, konnte ich keine Saga in der Box sehen. Er hat sie bestimmt aufgefressen, dachte ich. Genau in diesem Moment sagte hinter mir jemand: „Hallo!"

Ich erschrak und drehte mich um.

„Bist du Jola?", fragte das Mädchen mit karierten Reithosen und langen Zöpfen. „Ich heiße Saga", fuhr sie fort, nachdem ich nicht antwortete. „Ich bin die Zweitpflegerin von Buttricks."

Saga tätschelte Buttricks' Hintern und ging in die Box. „Komm rein und begrüß ihn!", meinte sie.

In dem Moment kam Karen vorbei und fragte, wie es laufe.

„Sehr gut", sagte ich und blieb im Gang stehen.

„Buttricks ist total freundlich in der Box", meinte sie. „Du musst keine Angst haben."

Karen überredete mich, in Richtung von Buttricks' Kopf zu gehen. Der war mindestens so groß wie mein Oberkörper.

„Du bist ein feiner Junge, nicht wahr?", sagte Karen, während sie Buttricks' Stirn streichelte und mit ihm schmuste. Buttricks schloss die Augen, dann begann er, komische Grimassen mit dem Maul zu machen.

„Pferde lieben es, gekrault zu werden", meinte Karen. „Man nennt es *schnäbeln*, wenn sie ihr Maul so bewegen."

Saga reichte mir eine kleine, weiche Bürste und sagte, ich solle anfangen, ihn am Kopf zu bürsten. Je mehr ich bürstete, desto mehr beugte Buttricks seinen Kopf. Am Ende musste ich mich fast hinknien, um noch dranzukommen.

„Er wirkt etwas müde", meinte ich.

„Ich weiß", sagte Saga. „Buttricks ist total träge. Das ist sehr angenehm, wenn man ihn striegeln muss, aber ganz schön anstrengend, wenn man ihn reiten will."

Sie gab mir die Kardätsche und sagte, ich solle mit dem Hals anfangen und mich dann nach hinten vorarbeiten. „Folge immer der Richtung des Haarwuchses", sagte sie. „Sonst kann das Pferd böse werden."

Die Oberseite war eigentlich ganz okay zu bürsten, aber als ich zum Bauch und zu den Beinen kam, stellte ich mich so weit weg, wie ich konnte. Das war so unheimlich. Besonders, als Buttricks den Kopf hob und anfing, auf der Stelle zu trampeln.

„Jetzt reicht es wohl", meinte ich schnell.

„Der Lehm an seinem Bauch muss noch weg", sagte Saga streng. „Sonst kann er Abschürfungen vom *Sattelgurt* bekommen."

Ich fühlte mich wie ein Riese neben Saga. Sie ging mir ungefähr bis zu den Achseln. Und doch hatte sie keinerlei Probleme damit, mich herumzukommandieren.

„Du musst näher rangehen", wies sie mich an, während ich gegen die Wand gedrückt dastand und gleichzeitig versuchte, den Bauch zu bürsten. „Dann ist das Risiko geringer, dass er dir auf die Füße tritt oder dich an der Wand einklemmt. Er muss spüren, dass du da bist."

„An der Wand einklemmt", wiederholte ich erschrocken.

„Ja, aber du musst nur zurückdrücken, wenn Pferde das machen", meinte Saga. „Dann hören sie wieder auf."

Nachdem wir alle Bürsten verwendet und den Lehm von Buttricks auf uns übertragen hatten, war es an der Zeit, die *Hufe auszukratzen*.

„So macht man das." Saga beugte sich runter und nahm Buttricks' Bein. Zeitgleich schnalzte sie mit der Zunge und rief: „Komm schon, Buttricks!" Da hob er ein Bein an, setzte es jedoch genauso schnell wieder ab. Saga reagierte darauf mit einer Art Rugby-Schulterkick gegen Buttricks' Bein und schon hob er es wieder.

„Buttricks kann etwas faul sein", sagte Saga keuchend. „Aber er ist nicht böse."

Unter seinem Huf hatte Buttricks ein dickes *Hufeisen*, das mit einer Menge Nägeln festgemacht war. Saga zeigte mir die Nagelenden an der Außenseite des Hufes und sagte, dass ich damit vorsichtig sein solle.

„Die können manchmal ziemlich spitz sein", meinte sie.

„Tut es dem Pferd nicht weh, wenn man die Nägel reinmacht?", fragte ich.

„Nein, das ist kein Problem", antwortete Saga. „Wenn der Hufschmied nicht danebenschlägt, natürlich."

Dann fand Saga, dass ich es jetzt probieren solle. Ich machte genau das, was sie mir sagte, und strich mit der Hand an Buttricks' Vorderbein entlang, doch als er seinen Huf anhob, bekam ich eine Heidenangst und ließ los.

„Das ist okay", meinte Saga und übernahm wieder. „Ich fand anfangs auch, dass das unheimlich ist, du gewöhnst dich aber dran."

Als Alba und ich auf dem Nachhauseweg im Bus saßen, waren wir total aufgedreht. Wir alberten herum und versuchten, uns an all die komischen Wörter zu erinnern, die wir gelernt hatten. Und dann verglichen wir natürlich unsere Pferde.

„Star ist ein bisschen nervös", erzählte Alba. „Aber wenn man selber ruhig bleibt, wird er auch ruhig."

„Buttricks hat fast die ganze Zeit geschlafen", sagte ich.

„Das klingt ja total wie Marmelade", bemerkte Alba.

„Außer, dass Buttricks riesengroß ist und nach Pferd riecht", sagte ich.

Erst als wir aus dem Bus stiegen, fiel uns auf, dass wir gar nicht geritten waren.

„Hilfe!", rief ich da. „Jetzt muss ich ja noch mal so aufgeregt sein."

Alba lachte. „Nicht, wenn du Buttricks reiten sollst", meinte sie. „Er schläft doch nur."

Es riecht nach Pferd

Ich war zu Hause noch nicht mal richtig zur Tür rein, als Jack schon rief: „Igitt, es stinkt total!"

„Du riechst selber auch nicht so toll", zickte ich zurück.

„Ich stinke auf jeden Fall nicht nach Pferdekacke", sagte Jack.

Ich zog meine Stiefel aus, um sie Jack ins Gesicht zu drücken, bis er um Gnade winselte, doch da kam Mama schon angeschossen und rief, dass es jetzt reiche. Dann scheuchte sie Jack auf sein Zimmer und packte die Stiefel in eine Papiertüte, die sie auf den Balkon stellte.

„Pferde riechen nur im Stall gut", meinte Mama energisch und befahl mir, auch die Kleider in eine Plastiktüte zu legen und diese gut zu verknoten.

„Und wie war's im Stall, geliebte kleine Jola?", murmelte ich sauer vor mich hin, als ich auf mein Zimmer ging. Da lag Marmelade schlafend auf meinem Schreibtisch. Als er mich bemerkte, hob er den Kopf und gähnte so, dass man seinen kompletten Rachen sehen konnte. Doch als ich versuchte, zur Begrüßung meine Nase gegen seine zu drücken, wie wir das immer tun, flippte er vollkommen aus. Er sprang auf den Boden, als wäre er besessen. Dann ging er auf steifen Beinen und mit aufgestelltem Schwanz um mich herum, während er an meinen Hosen schnüffelte und völlig verstört aussah. Ich versuchte, an ihn heranzukommen, um ihn unter dem Kinn zu kraulen, doch das durfte ich nicht. Marmelade lief ins Wohnzimmer und legte sich aufs Sofa. Dort lag er dann und sah mich anklagend an, während er sich ausgiebig putzte.

„Dann sei halt doof", brummelte ich. „Eingebildeter Kater."

Während des Abendessens ließ Jack nicht locker und wollte die ganze Zeit wissen, wie oft ich runtergefallen war.

„Gar nicht", antwortete ich mürrisch. Danach war es schwierig, zuzugeben, dass ich tatsächlich überhaupt nicht geritten war.

„Ich finde, du bist mutig", sagte Mama, wodurch es noch schwerer wurde.

„Wie war's denn?", fragte Papa.

„Interessant", antwortete ich. „Und ein bisschen unheimlich."

„Ich wusste es!", trötete Jack.

„Ich finde, wir sollten Jola eine Chance geben", sagte Papa streng. „Wer nicht wagt, der nicht gewinnt."

Dann fingen Mama und Papa an von Dingen zu reden,

die sie am Wochenende machen wollten. Jack musste zum Fußballtraining, deshalb haute er endlich ab. Ich wurde also in Ruhe gelassen und durfte darüber nachdenken, dass Buttricks eigentlich sehr niedlich gewesen war und dass Karen nett wirkte. Dann fiel mir ein, dass ich das nächste Mal vermutlich auf Buttricks sitzen musste, und die totale Panik kroch in mir hoch. Karen würde in der Mitte der Halle stehen und verschiedene Buchstaben rufen und ich würde nicht wissen, was sie meint.

Mama und Papa sahen etwas erstaunt aus, als ich plötzlich aus meinem Stuhl hochfuhr. Von null auf hundert, so in dem Stil. Nicht gerade *mein* Stil, könnte man sagen.

„Muss rüber zu Alba", stotterte ich.

„Jola", sagte Mama mit dieser „Jola-jetzt-hast-du-vergessen-was-du-versprochen-hast"-Stimme, die sie so gut draufhat.

„Ich räum die Spülmaschine später ein", sagte ich und rannte davon, ehe sie noch mehr sagen konnte.

Alba lag auf ihrem Bett und ruhte sich aus. Ich erschreckte sie beinahe zu Tode, als ich panisch an ihr Fenster klopfte.

„Wo ist das Problem, ganz normal an der Tür zu klingeln?", fragte sie sauer, als ich mich durchs Fenster reinschob.

„Ich verstehe das mit den Buchstaben nicht", jammerte ich schon, während ich mit dem Bauch noch über dem Fensterrahmen hing.

„Ich auch nicht", meinte Alba. „Aber das macht sicher nichts."

Alba vergaß, dass sie sauer war. Sie half mir rein und dann beschlossen wir, noch mal alle Pferdewörter, die wir gelernt hatten, zu wiederholen. Wir saßen ewig da und ratterten Kardätsche und Hufkratzer und andere Dinge herunter.

„Buttricks hat jede Menge *Behang*", erzählte ich und musste über das Wort kichern. „Saga hat daran gezogen, als sie wollte, dass er das Bein hebt."

„Und Star hat eine *Piephacke*", sagte Alba lachend.

„Du machst Witze", brüllte ich.

„Nein", stieß Alba hervor. „Das ist so ein kleines, geschwollenes Teil, das hinten bei seinen Beinen raussteht."

„Autsch!"

„Das tut nicht weh", sagte Alba. „Das meinte Lisa zumindest."

„Buttricks hat Grimassen mit dem Maul gemacht, sodass es aussah wie ein Minischnabel", erzählte ich und hielt mir den Bauch.

„Hör auf!", tutete Alba.

„Das ist wahr", meinte ich. „Karen sagte, dass Pferde das so machen, wenn man sie krault."

„Schnabel!" Alba konnte vor Lachen nur noch stöhnen.

„Ja", sagte ich. „Du hattest doch gesagt, dass wir auf Elefanten reiten würden!"

Ich schwöre, wir hätten noch ewig so dasitzen und kichern und über alles quatschen können, was im Stall passiert war. Wenn nicht Albas Mama gekommen wäre und gestört hätte. Zuerst sah sie ein bisschen erstaunt aus, als sie mich entdeckte. Aber dann zählte sie wohl das offene Fenster und die Schuhe an meinen Füßen zusammen und wurde streng.

„Deine Mama und Papa wollen sicher, dass du jetzt heimkommst, Jola", sagte sie.

„Gleich …", versuchte es Alba.

„Jetzt!", sagte ihre Mama. Da blieb mir dann nichts anderes übrig, als nach Hause zu düsen.

Später am Abend, als ich geduscht hatte und ins Bett gekrochen war, verzieh mir Marmelade das mit den Stallklamotten und kam angekrochen, um gestreichelt zu werden.

„Ich finde auch, dass es ziemlich übel riecht", flüsterte ich.

Marmelade antwortete mit einem lauten Schnurren und wickelte sich zu meinen Füßen ein wie eine Lakritzschnecke. Es war unheimlich gemütlich, so dazuliegen. Und vor allem zu wissen, dass es noch eine ganze Woche hin war bis zur nächsten Reitstunde.

Auf in den Sattel

Marmelade und ich schliefen ein und dann wurde es unglaublich schnell Donnerstag und es waren nur noch fünf Tage übrig. Dann war es Freitag und es blieben nur vier Tage und so weiter.

„So gefährlich kann es nicht sein", meinte Alba, als ich rumheulte. „Sonst würde niemand reiten."

„Es ist vielleicht nicht für jeden gefährlich", sagte ich mit düsterer Stimme.

Ich fasste es nicht, wie schnell eine Woche vergehen konnte. Auf einmal saßen Alba und ich im Bus auf dem Weg zur Reitschule und waren wieder furchtbar aufgeregt.

„Ich glaube nicht, dass ich jemals reiten können werde", orakelte ich.

„Natürlich kannst du", sagte Alba streng.

„Stell dir vor, Buttricks geht durch!", versuchte ich es. „Und ich fall runter."

„Halt die Klappe", rief Alba. „Ich drehe ab, wenn du so weitermachst."

Alba war tatsächlich ziemlich weiß im Gesicht, als ich sie ansah. Da wurde ich fast mutig. Für Alba.

„Karen wird es draufhaben", meinte ich, um sie zu trösten. „Eltern würden ihre Kinder wohl kaum in eine Reitschule schicken, wenn die Gefahr bestünde, dass sie sterben könnten. Oder?"

Alba antwortete nicht.

Unsere Anfängerkumpels standen an der Tafel und warteten, als wir in den Stall kamen.

„Na, sieh an, da seid ihr ja!", sagte Karen vom Zimmer mit der Glasscheibe aus. „Dann fangen wir mal an."

Karen sagte, dass wir das gleiche Pferd wie beim letzten Mal bekommen würden, damit wir uns sicher fühlten. Doch bevor wir in die Boxen gingen, musste jede ihren Helm holen.

„So furchtbar sicher ist es also doch nicht", flüsterte ich Alba zu, doch sie weigerte sich noch immer, zu antworten.

Wir bewegten uns vorwärts, als wären wir ein einziger großer zusammengewachsener Klumpen. Das funktionierte wunderbar, bis wir zur Tür der Umkleide kamen. Da steckten wir dann ziemlich fest.

„Einer nach dem anderen. Keine Sorge, es sind genug Helme für alle da", sagte Karen lächelnd.

Ich konnte mich absolut nicht daran erinnern, welchen Helm ich das letzte Mal gehabt hatte, und wusste daher nicht, was ich tun sollte. Als alle anderen schon längst gegangen waren, stand ich immer noch da und probierte Helme auf.

„Nimm doch einfach irgend einen", zischte Alba, die an der Tür auf mich wartete.

Der Helm, den ich mir auf den Kopf drückte, wippte ein bisschen vor und zurück, als ich nach draußen eilte. Doch dann sagte Karen, wir sollten zu den Pferden gehen, um sie zu striegeln. Und damit hatte ich schnell was anderes, über das ich mir Sorgen machen musste.

Buttricks sah genauso groß aus wie beim letzten Mal. Sein Hintern war so breit, dass auf jeder Seite nur einige Zentimeter bis zur Stallwand übrig blieben. Und dort sollte ich mich jetzt also reinklemmen!

„Oh, so ein braves Pferd", säuselte ich. „Alles gut, jetzt komme ich zu dir rein."

Doch es war egal, was ich sagte. Buttricks schlief einfach weiter, bis Karen kam und die Hand auf seinen Hintern legte. Da rutschte er ein wenig zur Seite.

„Du musst energisch sein." Karen blieb mit der Hand auf Buttricks' Hintern stehen, bis ich in die Box gegangen war.

„Pferde merken, wenn man unsicher ist", sagte sie und lächelte. „Und dann tanzen sie einem auf der Nase herum."

„Kannst du nicht vielleicht da stehen bleiben, während ich ihn striegle?", piepste ich.

„Du schaffst das", sagte Karen und war schon verschwunden.

Buttricks betrachtete mich mit großen, müden Augen. Als ich die Bürste an seinen Hals drückte, drehte er mir den Kopf zu und gähnte. Seine großen gelben Zähne brachten mich dazu, zurückzuweichen. Da gähnte er noch mehr und zeigte, dass er auch weiter hinten im Mund jede Menge großer Zähne hatte.

„Mach den Mund zu!"

Ich versuchte, streng zu klingen, obwohl meine Knie zitterten und meine Stimme kaum mehr als ein Quietschen war. Während ich dastand und zu atmen versuchte, drehte Buttricks seinen Hintern so, dass ich nicht mehr aus der Box herauskam.

„Schäm dich!", schimpfte ich halbherzig, doch Buttricks hörte nicht auf mich. Er hatte das Maul in dem Wassertrog versenkt und schlürfte lautstark.

„Schlürf nicht so", sagte ich.

Da wandte Buttricks mir den Kopf zu und sabberte über meine Stoffhosen.

„Weg mit deiner Nase", sagte ich, so streng ich konnte, während ich mich gegen die Boxenwand drückte.

In diesem Moment kam ein Sattel angewatschelt. Der Sattel schmalzte laut mit der Zunge und bekam Buttricks dazu, sich zur Seite zu bewegen. Es war Saga.

„Bist du fertig mit Striegeln?", fragte sie und reichte mir den Sattel.

„Buttricks will nicht", klagte ich.

Saga sah mich etwas komisch an und dann bürstete sie Buttricks in rasendem Tempo, während sie um ihn herum Befehle austeilte. Es gab eine Menge „Beweg dich hierhin" und „Geh da hin" und "Rauf mit dem Kopf, Dicker".

„Jetzt kannst du den Sattel auflegen", sagte sie nach einer Weile.

„Was?"

„Leg ihn ziemlich weit vorne auf." Saga deutete auf eine Stelle. „Dann ziehen wir ihn zurück, sodass die Haare in die richtige Richtung zeigen."

Ich weiß nicht, was Saga an sich hatte, aber es war irgendwie unmöglich, Nein zu ihr zu sagen. Und ich schaffte es tatsächlich, den Sattel genau da hin zu legen, wo sie es gezeigt hatte. Dann stand ich da und lächelte und war ziemlich zufrieden mit mir selbst. Jedoch nur, bis ich bemerkte, dass Saga sich das Lachen kaum verkneifen konnte.

„Du willst doch nicht wirklich rückwärts reiten, oder?", fragte sie und drehte den Sattel um.

Wir hatten kaum den Sattel an den richtigen Platz geschoben und das Metalldings in Buttricks' Mund gesteckt, als Karen auch schon rief, es sei nun an der Zeit, zur Reithalle zu gehen. Und dann wurde es schon wieder zu viel für Jola: ein einziges Gerede über Dinge, von denen Karen der Meinung war, wir müssten unbedingt daran denken. Die rechte Hand sollte nahe am Maul des Pferdes liegen, der Zeigefinger zwischen den Zügeln, das lange

Ende der Zügel in der linken Hand. Wir sollten nah rangehen, neben dem Vorderbein des Pferdes, aber nicht vor dem Pferd! Und dann durften wir auch noch auf keinen Fall loslassen!

Mir wurde ganz schwindlig davon, mir alles zu merken, was Karen sagte.

Die Reihe von Pferden setzte sich in Gang und Buttrick trottete hinterdrein. Es fühlte sich mehr so an, als würde er mich führen nicht andersrum. Karens Stimme hallte zwischen den Wänden der Reithalle, als sie rief, dass wir uns an der Mittellinie aufstellen sollten – fast wie in einem Horrorfilm, echt. Zu

diesem Zeitpunkt hatte ich auch noch ein paar andere Probleme, da mein Helm darauf bestand, ständig über meine Augen zu rutschen. Das Einzige, was ich sehen konnte, waren meine Füße neben Buttricks' Hufen. Bei jedem unserer Schritte sanken wir in etwas Weiches, Brau-nes ein.

„Jola, stell dich neeeeeeeben Korint!", donnerte Karen. „Wir steeeeeeeeeehen in einer geraaaaaaaaaden Linie, alle Pferde hiiiiiiiiiiiiiiiierher gewandt."

Ich legte den Kopf in den Nacken, damit ich sehen konnte, was sie meinte, doch Buttricks war jetzt in voller Fahrt und wollte nicht anhalten.

„Uuuuuuuuund halt!", rief Karen.

Ehrlich gesagt glaube ich nicht, dass irgendeine von uns richtig wusste, was wir tun sollten. Erst als die Pferdepflegerinnen die Pferde steuerten, sodass sie in einer geraden Linie standen, war Karen zufrieden.

„Guuuuuut!", lobte sie.

Ich wäre vollauf damit zufrieden gewesen, einfach nur dazustehen und eine Weile durchzuatmen, aber jetzt gab es eine Menge Dinge, die wir tun sollten. *Nachgurten*, die *Zügel* über den Kopf des Pferdes legen, die *Steigbügel* herunternehmen …

„Na, dann sitzen wir mal auf", sagte Karen, als wäre das das Einfachste der Welt. „Die Mädels zeigen euch, wie man das machen muss."

Rundherum ploppten Mädchen auf Pferderücken auf, nur ich stand wie versteinert da. Es war, als ob sich meine Stiefel in das Weiche, Braune eingegraben hätten und dort festgewachsen wären.

„Komm schon, Jola!" Saga ermunterte mich, so gut sie konnte, doch ich war in meiner eigenen kleinen Welt versunken, versteckt unter einem Helm, der mir mal wieder über die Augen gerutscht war. Es war richtig ruhig und angenehm, bis ich Karens Stimme hörte.

„Probier den hier mal", sagte sie und knöpfte meinen Schildkrötenhelm auf. Sie drückte einen anderen Helm auf meinen Kopf und sagte mir, ich solle beide Hände an den Sattel legen und das linke Bein anwinkeln, sodass sie es greifen konnte.

„Auf drei schiebe ich dich hoch", sagte Karen. „Und du hilfst mit den Armen mit. Eins, zwei … drei!"

Ich gab alles, was ich konnte, während mich Karen gleichzeitig anhob. Wenn sie mich nicht am Bein festgehalten hätte, wäre ich sicher auf der anderen Seite wieder runtergeplumpst.

Einmal dort oben angekommen, schien es, als hätte ich mindestens vierzehn Arme und Beine, um die ich mich kümmern musste. Bis zum Boden waren es bestimmt hundert Meter. Und der Sattel fühlte sich nicht besonders sicher und wie gemacht dafür an, um sich daran festzuhalten. Ich saß steif wie ein Stöckchen da, während Saga und

Karen die Steigbügel so anpassten, dass sie die richtige Länge für meine Beine hatten.

„Entspann dich einfach", sagte Karen, während sie meinen Fuß in einen Steigbügel schob. „Das wird wunderbar funktionieren."

„Sieh nicht nach unten", sagte Saga, „sondern geradeaus, zwischen Buttricks' Ohren durch."

Als ich das tat, entdeckte ich Alba, die geduckt im Sattel saß und sich festhielt. Sie sah genauso verängstigt aus wie ich, wodurch ich mich etwas besser fühlte.

„Marsch geradeaus!", brüllte Karen.

„Bist du bereit?", fragte Saga. Sie wartete jedoch meine Antwort nicht ab, sondern trieb Buttricks mit einem Zungenschnalzen an und los ging's.

„Hilfe!", quiekte ich, doch darum kümmerte sich niemand.

Immer wenn ich dachte, ich würde auf die eine Seite fallen, schaukelte es mich in die andere Richtung. Wie in dem Kinderlied: „Hoppe, hoppe, Reiter, wenn er fällt, dann schreit er ..."

Und fällt er in den Graben, dachte ich gerade, als Karen schon wieder brüllte.

„Sitzt aaaaaaaufrecht! Und folgt nuuuuuuur den Bewegungen des Pferdes!"

Immer nur mittwochs

Als ich von Buttricks wieder runter war, war ich so glücklich, dass ich den Boden hätte küssen können. Es fühlte sich an, als würde ich den Berg zur Bushaltestelle herunterschweben. Ich kann gar nicht beschreiben, wie fantastisch es ist, sich in einen Sitz im Bus fallen zu lassen und zu wissen, dass man geritten war und es überlebt hatte. So unfassbar herrlich, dort in der Dunkelheit sitzen zu dürfen und sich voll Wonne zusammen mit Alba zu bemitleiden.

„Ich hab mir den Hintern wund gerieben", wimmerte Alba.

„Ich hab keine Haut mehr an den Innenseiten meiner Oberschenkel", ächzte ich.

Wir versuchten, einander damit zu übertrumpfen, was uns wehtat, und doch waren wir so froh, dass wir fast sangen, statt zu reden.

„Könnt ihr nicht ein bisschen leiser sein", bat der Busfahrer.

Da setzten wir uns ganz nach hinten und tauschten uns flüsternd über die Pferde aus. Alba klang, als wäre sie total in Star verknallt. Sie erzählte, wie weich seine Mähne war und wie still er gestanden hatte, als sie absitzen sollte.

„Er ist so unglaublich brav", schwärmte Alba. „Ich will nie ein anderes Pferd reiten."

Es fühlte sich an, als müsse ich auch etwas Nettes über Buttricks sagen, aber ich konnte nur an seine großen Zähne und riesigen Hufe denken. Inzwischen hatten wir total vergessen, dass wir leiser sein sollten.

„Ich finde es ganz toll, Buttricks zu reiten", warf ich ein.

„Findest du nicht!" Alba lachte. „Du hattest eine Riesenangst. Gib's zu!"

„Die hattest du aber auch", entgegnete ich etwas mürrisch.

„Am Anfang ja", gab Alba zu. „Aber dann nicht mehr."

„Ich fand es klasse, dass Buttrick so langsam gelaufen ist", sagte ich da.

„Jooooola, treib ihn mehr aaaaaan!", schrie Alba und versuchte, wie Karen zu klingen.

Ich drückte meinen Rucksack anstelle von Buttricks mit den Schenkeln zusammen und tat so, als würde ich ihn antreiben.

„Drüüüüüück die Beine zusammen", sagte Alba und machte erneut Karens Stimme nach. „Lass locker und dann drüüüüüück wieder zusammen."

Als wir aus dem Bus stiegen, blickte uns der Busfahrer im Rückspiegel finster nach, aber das war uns egal. Mittlerweile waren wir so hemmungslos kindisch, dass wir den Weg bis zur Kreuzung, von wo aus Alba und ich getrennte Wege gehen mussten, im Galopp zurücklegten.

„Bald ist wieder Mittwoch!", juchzte Alba laut, nachdem wir uns verabschiedet hatten.

Als ob ich das nicht wüsste ...

Ich hatte einen Zettel an der Pinnwand in meinem Zimmer angebracht. Auf diesen Zettel hatte ich zehn Striche gemalt. Nach jedem Mittwoch konnte ich einen durchstreichen. Jetzt waren noch acht Striche übrig und die Innenseiten meiner Oberschenkel waren wirklich komplett rot. Als wir uns an diesem Abend zum Essen an den Tisch setzten, waren die Abschürfungen das Einzige, woran ich denken konnte.

„Wie war's bei dir, Jola?", fragte Mama. „Hat es Spaß gemacht im Stall?"

„Ich *kann* in diesen Jogginghosen nicht reiten", sagte ich schnell.

„Wenn sie nicht die richtige Ausrüstung bekommt, hört sie wieder auf", nuschelte Jack mit dem Blick auf den Teller gerichtet. „Aua!", schrie er, als ich ihm unter dem Tisch ans Schienbein trat.

„Jack! Jola!", sagte Papa streng. „Kein Streit beim Abendessen."

Da erhob ich mich, knöpfte meine Jeans auf und schob

sie nach unten. „Seht doch selbst, wenn ihr mir nicht glaubt", sagte ich.

„Jola zieht sich aus!", grölte Jack. „Igitt, wie eklig!"

„Jola." Mama seufzte schwer. „Zieh deine Hose wieder an und setz dich hin."

„Ihr wollt aber doch wohl nicht, dass ich riesige Wunden an den Beinen bekomme?", fragte ich, während ich Grimassen zog, um zu demonstrieren, wie sehr ich litt.

Wenn ich eine Chance bekommen hätte, hätte ich die Geschichte noch mehr ausschmücken können – erzählen, wie das Blut mir bald in Strömen in die Winterstiefel fließen und die Abschürfungen mich vermutlich für immer entstellen würden, aber Papa wurde wütend.

„Kein weiteres Wort", warnte er.

„Wir schauen uns das später an", meinte Mama. „Jetzt essen wir."

Ich hoffte ja, dass Mama erschrecken würde, wenn sie meine Oberschenkel sah. Dass sie streng sagen würde, dass ich sofort mit dem Reiten aufhören müsse, doch das tat sie – natürlich – nicht. Als Mama zu mir kam, um mir Gute Nacht zu sagen, war sie so anstrengend aufmunternd, wie sie nur sein kann.

„Das ist doch nicht so schlimm", sagte sie. „Das ist bis nächsten Mittwoch schon viel besser, du wirst sehen."

Und wegen so einer Kleinigkeit die Flinte ins Korn zu werfen käme doch wohl wirklich nicht infrage. Ich lag da und wimmerte, wie weh es täte, und schließlich sah Mama doch etwas nachdenklich aus.

„Wie ist es denn eigentlich *wirklich* im Stall?", wollte sie wissen.

„Lustig", sagte ich etwas unsicher.

„Sind die Pferde brav?"

„Ja, schon", plapperte ich mit munterer Stimme. „Wenn man nur richtig streng ist."

„Wie meinst du das, streng?"

„Na ja, man muss sie eben stoppen, bevor sie einen zwischen sich und der Wand einklemmen und einem auf die Zehen treten und so", trug ich etwas dick auf. „Und wenn man nicht energisch ist, beißen sie einen."

„Du liebe Güte!", sagte Mama mit großen Augen.

Sie sah mich an oder besser gesagt, genau in mich hinein und ich könnte schwören, dass sie über das lächelte, was sie dort sah. Dann meinte sie, dass sie froh sei, dass ich ein Hobby gefunden hätte, das mir Spaß macht.

Als sie gegangen war, lag ich im Bett und hatte den Mund offen wie ein erstaunter Fisch. Das war überhaupt nicht so gelaufen, wie ich es mir vorgestellt hatte …

Es war, als ob die ganze Welt sich gegen mich verschworen hatte. Als ob es allen völlig egal war, wie es mir ging und was ich tat. Das Einzige, das zählte, war, dass Jola Sandström das hielt, was sie versprochen hatte.

Außerdem schien es mir, als wäre ständig Mittwoch. Die roten Striemen an den Oberschenkeln waren kaum verblasst, schon standen Alba und ich wieder an der Bushaltestelle. Während ich darüber nachdachte, wie ungerecht doch alles war, faselte Alba davon, dass sie sich so sehr nach Star sehnte, dass sie fast starb.

„Ich hoffe, wir dürfen bald galoppieren", zwitscherte sie.

Galoppieren! Normalerweise bin ich genauso gut wie Alba im Quasseln, doch jetzt war ich mucksmäuschenstill.

„Und springen", ergänzte Alba.

„Hör schon auf", fauchte ich.

„Das machen wir doch nicht, bevor wir es nicht können", sagte Alba beschwichtigend.

„Niemals", grummelte ich.

Doch Letzteres hörte Alba nicht mehr, glaube ich, denn da waren wir schon in Malmen angekommen.

Einige der Mädchen aus unserer Gruppe kamen uns entgegengerast. Sie schrien etwas, das auf „aus" endete.

„Der Stall ist sicher geschlossen", sagte ich zu Alba. „Oder Karen ist total fertig und kann die Reitstunde nicht abhalten."

„Oh nein!" Alba verzog das Gesicht und sah aus, als würde sie gleich anfangen zu heulen. Doch da waren die Mädchen so nah gekommen, dass man verstehen konnte, was sie riefen.

„Wir reiten aus! In den Wald!"

Alba hakte sich bei mir unter und zog mich in den Stallgang, wo Karen auf uns wartete.

„Jetzt geht's los", sagte Karen. „Damit wir auch noch was von dem schönen Wetter haben."

Während wir die Pferde putzten, tanzte lautes Geschnatter über die Stallwände hinweg, von der einen zur anderen Box. Wie nett wir es doch haben und wie froh die Pferde sein würden! Ich selber sah nur ein riesiges braun-weißes Pferd vor mir. Es war schwer, da aufgeregt und glücklich zu sein.

„Ich hoffe, dass ihr runter zum See reiten dürft!", begeisterte sich Saga, hängte sich an Buttricks' Hals und flüsterte in sein Ohr, dass er vielleicht schwimmen gehen dürfe. „Du wirst sehen", sagte sie zu mir, „er ist ganz vernarrt in Wasser."

„Das will ich *nicht* sehen", sagte ich, so energisch ich konnte.

„Das macht aber Spaß", fuhr Saga fort. Es war, als hätte sie nicht gehört, was ich gerade gesagt hatte.

Das braun-weiße Pferd, das bis eben vor meinem inneren Auge zwischen den Bäumen hindurchgeschritten war, mit mir auf dem Rücken, wurde blitzschnell zu einem braun-weißen Pferd, das im See schwamm und seinen Reiter ertränkte.

„Ich will absolut nicht schwimmen gehen", sagte ich nachdrücklich zu Karen, als sie mir in den Sattel half.

„Du bist wirklich lustig", antwortete sie und tätschelte mir das Bein.

Wir ritten in einer langen Reihe, acht Pferde mit acht Führern und Karen an der Spitze, einen Berg hinauf.

„Stellt euch in die Steigbügel und lehnt den Oberkörper etwas nach vorn. Und haltet die Hände am Mähnenkamm des Pferdes", wies Karen uns an.

Das war unglaublich anstrengend. Nach nur wenigen Metern fingen meine Beine an zu zittern und mein Hintern plumpste immer wieder zurück in den Sattel.

„Streng dich an", zischte Saga. „Lass dich nicht zurückplumpsen, denk an Buttricks' Rücken."

Als wir oben auf dem Berg angekommen waren und uns endlich wieder hinsetzen durften, fiel Karen ein, dass es jetzt an der Zeit sei, unsere Pferde zu umarmen.

„Lehnt euch nach vorne und legt die Arme um den Hals eurer Pferde", sagte sie. „Gebt ihnen eine Riesenumarmung als Dankeschön."

Überall waren laute „Oh, wie tüchtig du warst" und „Oh, du bist der Beste" zu hören.

Das war doch nur ein blöder Hügel, dachte ich, während ich dalag und spürte, wie der *Sattelknauf* in meinen Bauch drückte. Danach schafften wir es gerade noch, uns wieder aufzurichten, und schon ging es weiter. Jetzt sollten wir den Hügel wieder runter.

„Lehnt euch ein bisschen zurück", sagte Karen und zeigte es an Alba, die mit Star an der Spitze ritt. „Und dann drückt ihr die Beine zusammen und haltet dagegen."

Aber wie ich auch drückte, es fühlte sich dennoch so an, als würde ich immer weiter vorrutschen. Ich wurde knallrot im Gesicht und meine Beine waren inzwischen schon weiche Spaghetti.

„Wir sind bald da", sagte Saga, als ich stöhnte.

Ich habe nie darüber nachgedacht, dass der Stall über dem See liegt, in dem Alba und ich im Sommer immer baden. Es fühlte sich total komisch an, dort auf einem Pferd angeritten zu kommen statt mit seinem Fahrrad. Das fanden wohl die Jungs, die draußen auf dem Steg standen und angelten, auch. Sie legten ihre Angelruten beiseite und glotzten uns an statt ihre Köder. Als wir näher kamen, sah ich, dass es Tristan und Kalle aus unserer Klasse waren.

„Oh nein", jammerte ich, denn ich finde Tristan ziemlich süß.

„Was ist denn jetzt schon wieder?"

Saga klang genau wie meine Mutter, und sie sah auch genauso müde aus, wie es Mama manchmal tut.

„Du hältst mich doch fest?!", fragte ich.

Genau in dem Moment sagte Karen, wir sollten die Pferde am langen Zügel gehen lassen, sodass sie zum Wasser runterkommen konnten.

„Jetzt werden wir gleich sehen, ob sie durstig sind", sagte sie.

Zu Anfang begnügte Buttricks sich damit, lediglich vom Ufer aus zu trinken. Doch auf einmal schien es, als ob ihm das Wasser dort nicht mehr ausreichen würde. Saga hielt das vorderste Ende des Führstricks fest und ließ ihn ein Stückchen ins Wasser reingehen.

„Schaut mal", rief Tristan. „Jolas Pferd will baden gehen!"

Ich wollte schon zu Saga sagen, dass sie mir helfen sollte abzusteigen, aber weil die Jungs zusahen, hielt ich die Klappe. Ich hielt mich so krampfhaft am Sattel fest, dass meine Fingerknöchel ganz weiß wurden.

Die anderen lachten sich halb schlapp über Buttricks, der jetzt so mit einem Vorderbein stampfte, dass das Wasser wie eine Fontäne um uns herumspritzte. Ich glaube, ich habe es geschafft, zu lächeln. Ich hoffe es jedenfalls.

„Komm schon, Buttricks", meinte Karen nach einer Weile. „Jetzt musst du aber wieder aufhören."

„Wie mutig du warst", sagte Alba zu mir, als wir wieder oben am Strand angekommen waren. „Bist du nass geworden?"

„Ein bisschen", antwortete ich lässig, „aber das macht nichts."

Ich fühlte mich wie ein Held, als ich Tristan und Kalle zum Abschied winkte. Plötzlich war es, als ob die Sonne angefangen hätte zu scheinen. Es wurde warm und angenehm und der Waldweg, auf dem wir ritten, duftete herrlich nach Kiefernnadeln und Tannen. Eines der Pferde schnaubte. Das Schnauben schien ansteckend zu sein. Buttricks vibrierte geradezu, als er an der Reihe war. Es fühlte sich ziemlich witzig an.

„Jetzt gefällt es den Pferden", meinte Karen.

Völlig pferdeverrückt

Albas Persönlichkeit begann sich durch das Reiten komplett zu verändern. Sie konnte stundenlang davon erzählen, wie Star vor dem großen Stein im Wald gescheut hatte, wie brav er war, wenn sie an den Zügeln zog und er anhalten sollte, und wie kuschelig es sich anfühlte, sein Maul zu küssen.

Also echt! Irgendwas war mit ihr passiert.

Ich versuchte, mit ihr mitzuhalten, doch das Ganze artete irgendwie fast aus. Wenn Alba es wollte, galoppierten wir zur Schule, machten an der Tür halt und sattelten

unsere Taschen an der Schulbank ab. Sie schien völlig vergessen zu haben, wie man sich eigentlich verhielt, wenn man elf, fast zwölf Jahre alt war.

Es kann aber auch ziemlich ansteckend sein, wenn Alba so fröhlich und aufgekratzt ist. Ich wurde da quasi mit reingesogen. Wenn es ganz schlimm war, konnte ich mich selbst durch den Wald rennen und wiehern hören. Ich fing an zu befürchten, dass ich vermutlich vollkommen bekloppt werden würde, wenn es so weiterging.

Als ich am Donnerstag nach dem Ausritt in die Schule kam, waren Tristan und Kalle gerade dabei, der Klasse von dem wilden Pferd zu erzählen, auf dem ich geritten war.

„Der ist fast mit Jola auf dem Rücken zum Schwimmen gegangen", schmückte Kalle weiter aus.

Tristan nickte. „Die Reitlehrerin musste ihn am Zügel zerren, um ihn wieder aus dem Wasser zu bekommen", erzählte er.

„Ach, das war kein Problem", sagte ich, als meine Klassenkameraden fragten, ob ich Angst gehabt hatte.

Ein bisschen cool war es ja schon irgendwie. Jetzt waren Alba und ich die Pferdemädchen der Klasse. Sozusagen cooler als alle anderen. Die Schürfwunden an den Oberschenkeln führten dazu, dass ich etwas o-beinig ging. Tatsächlich fast wie ein Cowboy.

An diesem Wochenende bauten Alba und ich eine Hürdenbahn im Wald, über die wir sprangen. Es war niemand da, der sehen konnte, was wir machten, darum konnten wir so kindisch sein, wie wir wollten. Wir taten so, als wären wir zwei verschiedene Pferde und Reiter aus unserer Gruppe, und dann hatten wir einen Wettkampf. Aber es war immer entweder Alba oder ich, die gewann. Es machte total Spaß, bis Alba plötzlich auf die Idee kam, dass es ja nicht besonders realistisch sei, dass Buttricks Star jemals schlagen würde.

„Man sieht ja von Weitem, dass Star viel schneller ist", meinte sie.

„Buttricks kann, wenn er will." Ich stemmte die Hände in die Hüften und sah Alba sauer an.

„Aber Star ist so viel eleganter", beharrte Alba.

„Und was machst du, wenn er feige ist?", fragte ich. „Wenn er scheut, fällst du sicher runter und dann gewinne ich."

„Ich fass es nicht, wie gemein du bist", schoss Alba zurück und stapfte nach Hause, ohne zu fragen, ob ich mitkommen wollte.

Nach diesem Vorfall lagen Marmelade und ich im Bett und waren mehrere Stunden lang sauer. Marmelade erfuhr alles über diese blöden Scheißpferde aus der Reitschule. Und darüber, wie affig Alba war, wenn sie davon säuselte, dass sie

Star so sehr liiiiiiiiebte. Dann fiel mir ein, dass Alba sicher noch mal zehn Reitstunden kaufen würde. Sie würde ständig im Stall sein und wir wären dann nicht länger beste Freundinnen. Da heulte ich so, dass Marmelades Pelz ganz nass wurde. Ja, Marmelade hatte vermutlich echt Glück, dass Mama irgendwann auftauchte, um zu fragen, was ich machte.

„Was ist denn los, meine Kleine?", fragte sie, als sie sich auf meine Bettkante setzte.

Da wand sich Marmelade aus meinem Schoß und fing an, sich trocken zu schlecken. Er sah ziemlich erleichtert aus.

„Alba und ich haben uns gestritten", schluchzte ich.

„Das ist nicht schön", sagte Mama.

„Nein", schniefte ich.

„Willst du erzählen, was passiert ist?", fragte Mama.

„Alba ist pferdeverrückt geworden", weinte ich.

„Oha", sagte Mama.

„Sie wird bald nur noch wiehern, statt zu reden", flennte ich weiter.

„Das wird dann schwierig." Mama nickte verständnisvoll, doch gleichzeitig sah es aus, als würde sie gleich in schallendes Gelächter ausbrechen.

„Stell dir vor, sie soll in der Schule auf eine Frage antworten", meinte sie mit ernster Stimme.

Ich stellte mir vor, wie verdutzt unser Lehrer wäre. Da musste ich plötzlich lachen, und Mama und ich lachten zusammen, bis wir Seitenstechen bekamen.

Als wir uns wieder beruhigt hatten, rief ich Alba an. Sie sagte, dass sie mich auch gerade hatte anrufen wollen. Und dann fielen wir einander ins Wort und beteuerten, dass der Streit im Wald einfach lächerlich gewesen war. Danach war alles wieder gut.

„Freundinnen für immer?", fragte ich, als wir uns verabschiedeten.

„Freundinnen für immer", bekräftigte Alba.

Am nächsten Mittwoch beschloss Karen, dass es nicht länger ausreichte, nur im Schritt in der Bahn zu reiten.

„Wir müssen die Pferde beschäftigen", sagte sie. „Sonst wird ihnen langweilig und sie fangen an, Unfug zu treiben." Karen marschierte vor uns her und zeigte, wie man durch die ganze und die halbe Bahn wechselt.

Ich hatte schon genug damit zu tun, Buttricks dazu zu bringen, sich überhaupt in Bewegung zu setzen. Es war, als würde er sagen: „Nee du, jetzt reicht's aber mal, die ganze Zeit hierhin und dorthin wenden, da hab ich keine Lust zu."

Ich versuchte, alles so zu machen, wie Karen es uns zeigte. Doch als ich am inneren Zügel zog (also dem, der in die Mitte der Reithalle zeigt), ging Buttricks trotzdem gemächlichen Schrittes weiter geradeaus.

„Du musst energisch sein", sagte Saga.

„Dann hilf mir doch", antwortete ich, so energisch ich konnte.

„Das Ziel ist aber, dass du selber klarkommst", meinte Saga. „Das nächste Mal sollt ihr ohne Helfer reiten."

„Was?!" Ich schrie so laut, dass Buttricks tatsächlich den Kopf hob und sich umschaute. Ich war völlig schockiert. Erst als Karen auf mich zukam, fiel mir wieder ein, dass sie gesagt hatte, dass wir nicht schreien sollten, wenn wir bei den Pferden sind.

„Du musst zuhören, Jola", sagte sie streng.

„Ich weiß", flüsterte ich.

„Es ist wichtig, dass ihr das befolgt, was ich sage", fuhr Karen fort. „Sonst kann es gefährlich werden."

„Gefährlich?!", wiederholte ich – wieder sehr viel lauter, muss ich zugeben.

„Pferde sind keine Maschinen", sagte Karen ernst. „Ihr müsst verstehen, wie das Pferd, auf dem ihr sitzt, funktioniert, und dabei kann ich euch helfen."

„Buttricks scheint aber überhaupt nicht zu funktionieren", brummte ich säuerlich.

Da fixierte mich Karen mit einem Blick, der mich wünschen ließ, ich wäre weit, weit weg.

„Es ist fast nie die Schuld des Pferdes, wenn es nicht so funktioniert, wie man will", sagte sie kurz angebunden.

„Ich finde, dass er riesig und gruselig ist." Ich sprach sehr leise und hoffte, dass keine der anderen mich hören konnte.

„Ich weiß." Karen nickte. „Dennoch solltest du diejenige sein, die bestimmt. Manchmal muss man mit aller Deutlichkeit klarmachen, was man will. Momentan hält er dich zum Narren."

Karen griff sich mein Bein und klopfte Buttricks damit in die Seite. Da klappte er die Ohren nach hinten und fing an, furchterregende Grimassen zu schneiden.

„Hör auf", wimmerte ich.

„Du musst nur ein paarmal kräftig Bescheid sagen", sagte Karen. „Dann fügt er sich schon."

„Aber was, wenn er dann völlig durchdreht?", fiepte ich.

„Keine Angst", antwortete Karen und klopfte erneut.

Dieses Mal stöhnte Buttricks laut, doch dann lief er tatsächlich in die Richtung, in die er sollte.

„Da siehst du's", meinte Karen lächelnd. „Es funktioniert prima."

Zum Glück entschied sich Buttricks ab sofort dafür, den anderen Pferden zu folgen. Ich durfte den Rest der Stunde in Ruhe dasitzen und mich davor fürchten, das nächste Mal ohne Saga zu reiten.

„Das mach ich nicht", sagte ich zu Alba, als wir wieder im Bus saßen. „Ich weigere mich, ohne Helfer zu reiten."

„Aber wir würden es sicher nicht tun, wenn Karen nicht denken würde, dass wir bereit dafür sind", erwiderte Alba bloß.

Lügen, dass sich die Balken biegen

Glaubt mir, dieser Tag wird in die Geschichte eingehen! Es ist völlig unfassbar und unwirklich, doch als ich auf dem Schulhof stand und auf Alba wartete, kam Tristan zu mir. Ich sah mich um, doch es war tatsächlich niemand anderes als ich da.

„Wie geht's mit dem Indianerpferd?", fragte Tristan.

Ich war so baff, dass ihn nur mit offenem Mund anstarren konnte – es kamen keine Worte raus.

„Das, das so gerne baden wollte, meine ich", sagte Tristan und grinste.

„Ach so!", quäkte ich, während sich gleichzeitig eine tiefe Röte auf meinem Gesicht ausbreitete.

„Das war ziemlich cool", fuhr Tristan fort.

„Ich weiß", hörte ich mich selber sagen.

„Ist Reiten schwierig?", fragte Tristan.

„Nein, man muss nur energisch sein", antwortete ich.

„Ich fang vielleicht damit an", meinte Tristan. „Klingt, als würde es Spaß machen."

„Energisch zu sein?", fragte ich Riesenidiot, der ich bin.

Ich konnte nicht anders, ich war so aufgeregt. Ich meine, er hätte mich ja vorwarnen können, dass wir auf dem Schulhof stehen und über Pferde reden würden – mir eine Chance zum Trainieren geben können, um in das Gefühl reinzukommen, ganz locker mit ihm zu quatschen.

„Du sagst immer so verrückte Sachen", antwortete Tristan und kicherte.

„Aha", machte ich, während ich gleichzeitig dachte: Verrückte Sachen wie gute verrückte Sachen oder verrückte Sachen wie völlig bescheuerte Sachen?

„Ich kann ja vielleicht bei eurer Gruppe mitmachen", fuhr Tristan fort.

„Das geht nicht", sagte ich, so energisch ich konnte. „Wir reiten jetzt ja bereits eine Weile und am Mittwoch fangen wir damit an, ohne Helfer zu reiten, und da muss man schon ziemlich sicher sein und so."

„Ich verstehe", meinte Tristan.

Ich fand, dass er tatsächlich halbwegs beeindruckt aussah, weshalb ich mich etwas entspannte. Tristan und ich allein auf dem Schulhof, dachte ich. Als ob wir dastünden und überlegten, ob wir zusammenkommen sollten, so was in der Richtung.

„Dann komm ich vielleicht vorbei und schau zu", fuhr Tristan fort und mit einem gewaltigen Plumps landete ich wieder in der Wirklichkeit.

„Nein", sagte ich und setzte mein strengstes Karen-Gesicht auf. „Die ersten paarmal, wenn man selbst reitet, darf keiner auf der Tribüne sein, denn sonst drehen die Pferde völlig durch."

„Oha!", sagte Tristan.

„Ja!" Ich nickte kurz. „Ich bin schon ziemlich aufgeregt."

In diesem Moment kam Alba über den Schulhof gelaufen und rettete mich davor, mich noch mehr in meinen Ausreden zu verstricken.

„Ich drück die Daumen, dass alles gut geht", sagte Tristan, während er sich auf sein Skateboard stellte und davonrollte.

„Was meinte er damit?", fragte Alba.

„Ach, nichts Besonderes."

Ich versuchte, gleichgültig zu klingen, doch darauf fiel Alba nicht rein.

„Was soll gut gehen?", beharrte sie.

„Dass wir zusammenkommen", antwortete ich und verdrehte die Augen.

„Du machst wohl Witze", meinte Alba.

„Ja", antwortete ich lachend.

Dann klingelte es zum zweiten Mal und ich entging weiteren Fragen. Für dieses Mal zumindest …

Der Mittwoch und die Reiten-ohne-Helfer-Reitstunde hingen wie eine dicke, schwarze Wolke über mir. Es war unmöglich, an etwas anderes zu denken. Doch sobald ich den Mund aufmachte, um mit Alba darüber zu reden, rief sie: „Halt die Klappe!"

Marmelade war derjenige, der mein Gejammer schließlich abbekam. Der Faultier-Club hatte vermutlich noch nie so viele Versammlungen wie in dieser Woche.

„Versprichst du mir, bei mir im Bett zu liegen, wenn ich von Kopf bis Fuß eingegipst bin?", fragte ich.

Marmelade zwinkerte mit seinen goldgrünen Augen. Ich verstand das als ein Ja. Aber es kann auch sein, dass meine Stimme bloß eine beruhigende Wirkung auf ihn hatte – so wie eine Hypnose.

Stell dich nicht so an, Jola!

Unsere Versammlungen arteten meistens geradezu aus. Marmelade schlief ein und ich konnte nicht aufhören, über verschiedene Versionen nachzudenken, wie ich vom Pferd fallen würde. Am Ende war ich so nervös, dass ich etwas anderes tun musste. Daher stieg ich aus dem Bett und fing an zu üben, im Stall energisch zu sein. Ich legte mit Mama los, die in der Waschküche stand und Kleidung sortierte.

„Ich muss ein Paar richtige Reitstiefel haben", sagte ich energisch.

„Schreib's auf deine Wunschliste", antwortete Mama.

„Ich muss sie aber jetzt haben", meinte ich.

„Muss?" Mama sah mich fragend an.

„Karen hat das gesagt", behauptete ich.

„Das glaub ich nicht", sagte Mama.

„Dann kann ich am Mittwoch nicht reiten", tat ich kund.

„Jola", zischte Mama. „Du hast es versprochen."

Sie sah ungefähr tausendmal energischer aus, als ich es je gekonnt hätte. Plötzlich fühlte sich alles so hoffnungslos an, dass ich stattdessen zu weinen anfing.

„Ich kann überhaupt nichts", schniefte ich, als Mama fragte, was los sei. „Alle anderen haben Reitstiefel und schaffen es, dass ihre Pferde genau in die Richtung laufen, in die sie sie haben wollen. Aber Buttricks spürt es nicht, wenn ich ihn mit diesen blöden, weichen Stiefeln drücke, und deshalb bin ich die Einzige, die die ganze Zeit alles

73

falsch macht. Denkst du, es macht Spaß, wenn Karen mich immer ausschimpft?"

„Manchmal bist du einfach unglaublich, Jola Sandström", sagte Mama mit ihrem Seufzen. „Du lügst, dass sich die Balken biegen."

Mama erzählte das natürlich Papa und daher musste ich bei ihm erst gar nicht versuchen, energisch zu sein. So blieb mir nichts anderes übrig, als am Mittwoch wieder diese blöden Stiefel anzuziehen und zum Bus zu laufen.

Während der Busfahrt versuchte ich, mich wie eine Heldin zu fühlen, die weiß, dass sie sterben wird, wenn sie das tut, was sie tun muss (weil es so gefährlich ist). Doch da sie so unglaublich gut und mutig ist, tut sie es trotzdem. Es funktionierte nicht besonders gut.

„Du bist heute so still", sagte Alba, als wir zum Stall liefen.

„Ich konzentriere mich", antwortete ich.

„Worauf?"

„Darauf, zu sterben", sagte ich.

Alba quiekte los und sagte irgendwas in der Richtung, dass ich nicht mehr alle Tassen im Schrank hätte. Dann lachte sie so sehr, dass sie sich fast in die Hose pinkelte und mit gekreuzten Beinen vor der Tafel stehen bleiben musste. Immer wenn sie mich ansah, bekam sie einen neuen Lachanfall.

„Wie geht's euch?", fragte Karen.

Ich warf Alba Blicke zu, die töten konnten, doch das war ihr offensichtlich wurscht.

„Jola glaubt, dass sie heute vom Pferd fallen und sterben wird!" Alba prustete schon wieder los.

„Tu ich gar nicht", murmelte ich etwas halbherzig.

„Jola ist so witzig", gluckste Alba.

„Das habe ich schon bemerkt." Karen grinste auch. „Aber heute wird es mit dem Herunterfallen und Sterben schwierig werden, da wir eine Theoriestunde haben und nicht reiten."

Ich war so erleichtert, dass ich Karen hätte umarmen können, doch da waren wir schon auf dem Weg zur Sattelkammer. Wir würden heute den Sattel, die Trense und alle anderen Teile genau durchnehmen. Die anderen Mädchen quengelten herum und flüsterten, dass sie lieber hätten reiten und bei den Pferden sein wollen. Doch ich war begeistert über jedes popelige Teil, das Karen uns zeigte.

Sattelkammer und *Sattelblatt* und *Satteldecke*. Ich wiederholte glückselig alles, was Karen sagte, und als sie jemanden suchte, der die einzelnen Teile noch mal zeigte, meldete ich mich freiwillig. Alles hatte sich in meinem Hirn festgebrannt und die anderen sahen richtig beeindruckt aus, als ich *Sattelgurt* und *Steigbügelriemen* herunterratterte.

Jede von uns musste eine Trense auseinandernehmen und wieder zusammensetzen. Das war nicht ganz einfach, denn es gibt eine riesige Menge an Einzelteilen. Fast alle Teile an einer Trense heißen irgendwas mit *Riemen* oder auch *Stück*. Das *Genickstück* geht über den Nacken des Pferdes (also hinter den Ohren entlang) und es gibt einen *Kehlriemen*, den man in das *Genickstück* einhakt. Dann haben die meisten Pferde noch einen *Nasenriemen*. Einige haben den, damit sie das Maul nicht aufmachen können (damit sie nicht beißen können, dachte ich gleich). Karen sagte jedoch, dass er dafür da sei, dass sie nicht mit der Zunge spielen, statt auf den Reiter zu hören. Es gibt einen *Stirnriemen* (der über die Stirn des Pferdes geht, auch wenn die nicht so aussieht wie unsere Stirn) und ein *Backenstück*, das alles zusammenhält.

Das war alles, glaube ich.

Oder nein! Sie haben ja auch noch ein *Gebiss* im Maul und ein Paar *Zügel*, die vom *Gebiss* hochführen zu demjenigen, der das Pferd reitet. Damit kann man es steuern und anhalten und das alles.

Ja, ich weiß, das klingt alles ziemlich durcheinander, aber genau so ist das. Ich mal euch zur Sicherheit ein Bild.

Als wir mit allen Sachen durch waren, gingen wir zu den Pferden. Jetzt fand Karen, dass wir lernen sollten, alleine aufzusatteln. Also echt! Es sind einfach zu viele komische Begriffe … Ich

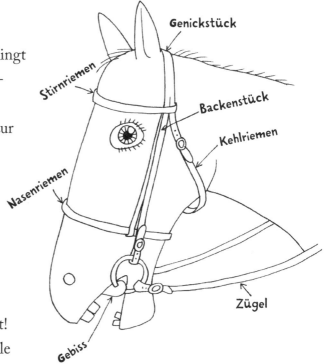

stand ganz entspannt da und lobte mich dafür, dass ich mir so supertoll alle Ausdrücke hatte merken können – als es plötzlich ein böses Erwachen für mich gab: Karen bat mich, Buttricks aus seiner Box zu holen.

„Ich?", fragte ich und sah mich um.

„Ja, genau du, Jola", antwortete Karen. „Du hast nämlich das geduldigste Pferd. Buttricks ist perfekt dafür geeignet, alles an ihm zu zeigen."

„Aber …", stotterte ich, „Saga ist gar nicht da."

„Komm schon, Jola", sagte Karen in dem Ton, den sie immer anschlägt, wenn es keinen Zweck hat, zu versuchen, aus der Nummer wieder rauszukommen.

Buttricks schaffte es kaum, die Augen zu öffnen, als ich in seine Box trat. Doch als ich den Führstrick an seinem Halfter befestigt hatte und ihn herausführen wollte, wachte er auf und fing an, mich zu schubsen.

„Schubs mich nicht", sagte ich so streng ich konnte.

„Er will sich kratzen", erwiderte Karen, während Buttricks seinen Kopf an meinem Rücken rieb.

„Muss er das machen?", klagte ich.

„Nein", sagte Karen mit einem breiten Grinsen im Gesicht. „Schieb ihn einfach weg."

„Hau ab", sagte ich, weil ich so gestresst war und es das Einzige war, was mir in dem Moment einfiel.

„Energischer", meinte Karen.

„Pfui!"

Ich muss ganz gut gewesen sein, denn Buttricks hörte sofort auf und ließ sich anstandslos aus der Box schieben. Das Problem war nur, dass jetzt mein Fuß im Weg stand.

„Au!", brüllte ich.

„Du musst deine Füße immer aus dem Weg nehmen", sagte Karen, während sie Buttricks von meinen Zehen runterzog. „Alles okay, Jola?"

„Geht so", antwortete ich, während ich mit Buttricks aus dem Stallgang humpelte.

„Sollen wir mal nachsehen?", fragte Karen.

„Nein!", antwortete ich jetzt sehr energisch. „Sie sind sicher total zermatscht und das will ich nicht sehen."

Eine fiese Bazille

Im Bus untersuchten Alba und ich einander. Wir befühlten uns unter unserem Pony, kontrollierten die Augen und die Zähne und wühlten in unseren Mähnen herum. Alba kniff in meine Beine, um zu sehen, ob sie in Ordnung waren.

„Tut es weh?", fragte sie, als ich meine Stiefel ausgezogen hatte.

„Nicht so schlimm", sagte ich.

Ich war richtig stolz auf den hufeisenförmigen Bluterguss, den Buttricks' Fuß auf meinem hinterlassen hatte. Das war ein cooles Gefühl. Jetzt war das Schlimmste passiert und ich war nicht weinend und schreiend im Stallgang zusammengebrochen. Und ich hatte überlebt!

Das Gefühl wurde sogar noch besser, als ich die Tür zu Hause aufreißen und schreien konnte: „Mama! Hilfe!" Und erst Mamas besorgtes Gesicht, nachdem sie mir aus den Stiefeln und Strümpfen geholfen hatte.

„Du passt im Stall aber schon gut auf, Jola?", fragte Mama, als wir zu Abend aßen und ich einen Beutel gefrorene Erbsen bekommen hatte, den ich auf den Fuß legen sollte, damit er nicht so heftig anschwoll.

„Ich versuche es", sagte ich mit leidender Miene, „aber es ist schwierig."

„Besonders wenn man so tollpatschig ist wie du", ärgerte mich Jack.

„Hör auf", knurrte ich.

„Typisch Jola, dass sie den Fuß genau da hat, wo das Pferd stehen will", fuhr Jack fort.

„Jack", sagte Papa. „Sei nett zu deiner Schwester."

„Die sich wehgetan und große Schmerzen hat", erinnerte ich ihn mit einem Zittern in der Stimme.

„Jetzt ist es aber genug, Jola", sagte Mama mit ihrer müden Stimme.

Das ganze Wochenende humpelte ich zu Hause ohne Strümpfe herum, obwohl der Fußboden eiskalt war. Mama, Papa und Jack hatten meine blauen Zehen bald satt, doch ich konnte irgendwie nicht genug davon bekommen. Es war fast ein Genuss, vor dem Fernseher zu sitzen und hin und wieder daraufzuschielen.

Erst am Samstagabend fiel mir ein, dass ja bald wieder Mittwoch sein würde. Und dieses Mal würden wir *wirklich* ohne Helfer reiten! Ich musste sofort Alba anrufen.

„Ich glaube, ich kann am Mittwoch nicht kommen", beeilte ich mich zu sagen, kaum dass sie abgehoben hatte.

„Ich … ach …icht …"

Alba klang, als würde jemand sie erwürgen.

„… abe …gina."

„Was treibst du?", fragte ich.

„Bin krank", krächzte Alba noch mal. „Angina."

„Aber bis Mittwoch bist du doch wieder gesund, oder?", fragte ich.

„Glaub ich nicht", schniefte Alba.

Sie nieste und hustete und krächzte. Als wir eine Weile geredet hatten, keuchte sie, dass sie jetzt nicht mehr könne, und legte auf. Ich blieb stocksteif mit dem Hörer in der Hand sitzen.

„Was machst du denn, Jola?", fragte Mama.

„Das ist eine K a t a s t r o p h e", sagte ich zum Telefonhörer.

„Jola! Hallo!"

Mama nahm mir den Hörer ab. Als sie hörte, dass es darin nur tutete, legte sie auf.

„Alba hat Angina", sagte ich und warf Mama einen dramatischen Blick zu.

„Arme Alba", sagte Mama.

„Ich kann ohne sie nicht zum Stall gehen." Ich starrte Mama streng an. „Das verstehst du doch, oder?"

„Bewirb dich bei der Schauspielschule", entgegnete Mama nur und ging davon.

Es ist immer total komisch, wenn Alba nicht in der Schule ist. Ich fühle mich irgendwie nackt, wenn ich nicht mit ihr zusammen sein kann. Die ganze Woche rief ich sie täglich ungefähr zehnmal an, um zu fragen, ob es ihr nicht doch schon ein bisschen besser ginge.

„Ich will, dass es mir besser geht", sagte Alba. „Ich weiß nicht, wie ich leben soll, wenn ich Star nicht treffen kann."

„Denk doch auch mal an mich", sagte ich.

„Du kriegst das doch schon so gut hin", röchelte Alba durch ein paar Huster. Dann schaffte sie es nicht mehr, länger zu sprechen.

Das nächste Mal, als ich anrief, war Albas Mama dran. Sie sagte, dass Alba eine richtig fiese Bazille abbekommen habe und wir froh sein könnten, wenn sie am Wochenende wieder auf den Beinen wäre.

Am Mittwochmorgen setzte ich mich mit hängendem Kopf an den Frühstückstisch und hustete und nieste und jammerte.

„Was ist denn jetzt schon wieder los?", fragte Mama.

„Das muss Albas Bazille sein", krächzte ich.

„Jetzt kommt's!", trötete Jack. „Jola will nicht mehr in den Stall gehen."

„Stell dir vor, das will ich sehr wohl", fauchte ich mit meiner normalen Stimme und damit war meine gesamte Taktik hinüber.

Papa tätschelte mich und sagte, dass er es gut fände, wenn ich mein Wort halte.

Als ich aus der Haustür ging, rief Mama mir nach: „Pass auf deine Zehen auf, Jola!"

Zu allem Überfluss kam Tristan hinter mir hergerannt, als ich auf dem Weg zur Schule war.

„Wie lief's beim Reiten?", fragte er.

„Ging so", antwortete ich.

„Du hast auf alle Fälle überlebt", meinte er lächelnd.

„Aber heute werden wir wohl galoppieren", entfuhr es mir da. Keine Ahnung, wo *das* plötzlich herkam.

„Wow!", sagte Tristan. „Wie krass!"

„Ich will am liebsten gar nicht darüber reden", antwortete ich, um mich nicht noch mehr in Schwierigkeiten zu bringen.

„Versteh ich", meinte Tristan und dann redeten wir über die Hausaufgabe in Erdkunde. Wir waren beide der Meinung, dass der Lehrer völlig durchgeknallt war. Was der alles von uns wissen wollte!

Als wir durch das Schultor liefen, lachten wir aus vollem Hals und hatten jede Menge Spaß. Die Mädchen aus meiner Klasse sahen aus, als hätten sie etwas Saures im Mund, als sie uns bemerkten.

„Ihr scheint ja unglaublich viel Spaß zu haben", stellte Mickan auf ihre überhebliche Art fest.

Während des restlichen Tages war ich so beflügelt von all dem Spaß mit Tristan, dass ich das Reiten völlig vergaß. Erst als ich nach Hause kam und die Winterstiefel sah, die in einer Tüte vor der Tür standen, fiel mir wieder ein, dass ich zum Stall musste. Ich war geliefert.

Ich erinnere mich, dass ich Marmelade noch zuwinkte, der im Fenster saß und mir hinterherblickte, als ich zum Bus ging. Aber danach ist alles nur noch ein einziger Brei in meinem Kopf.

Als ich wieder aufwachte, saß ich auf Buttricks' Rücken in der Reithalle. Wie war das denn passiert?

Die Tribüne war voller Pferdepflegerinnen, die uns anglotzten. Mitten in der Reithalle stand wie üblich Karen und brüllte uns zu, was wir machen sollten. Sie schien in Topform zu sein und rief, dass Sickan die *Abteilung* (so nennt man das, wenn man hintereinander in einer Reihe reitet) anführen sollte.

„Abteilung, Maaaarsch!", rief Karen.

„Jetzt kommt's drauf an, Buttricks", murmelte ich und knuffte ihn mit meinen Stiefeln.

Ich wollte einfach nicht hinterherhinken oder stehen bleiben, während die anderen davonritten, daher drückte ich wohl etwas zu heftig zu. Buttricks war so erstaunt über meine Attacke, dass er einen Hüpfer machte und den anderen hinterhertrabte. Dadurch hopste ich ziemlich unkontrolliert auf und nieder und zog die Beine hoch, um mich festzuklammern. Doch das schien die völlig falsche Taktik zu sein, denn jetzt verlor ich die Steigbügel und rutschte nach vorn über Buttricks' Hals. Karen rief, dass ich mich aufrichten, nach hinten lehnen und die Zügel in die Hand nehmen solle.

Alles auf einmal! Was glaubte die denn? Dass ich Akrobat bin? Ich hatte vollauf damit zu tun, den Boden im Blick zu behalten, der unter mir entlangflimmerte.

„Haaaalt!", rief Karen.

Buttricks legte so abrupt eine Vollbremsung hin, dass ich nun endgültig nach vorn rutschte und vor dem Sattel landete.

Zu meinem Glück griff Karen genau in dem Moment nach Buttricks' Kopf, als dieser begann, die Nase gen Boden zu senken, und ich mich auf den Weg machte, wie in Zeitlupe von seinem Hals zu gleiten … Was für eine Horrorshow!

„Rauf mit dir!", bellte Karen.

„Das versuch ich ja", stöhnte ich, während ich alles tat, um wieder in den Sattel zu kommen.

„Das hab ich eigentlich zu Buttricks gesagt!" Karen lächelte versöhnlich, während sie mir half, mich zurechtzusetzen.

Ich schlug vor, dass Buttricks und ich in der Mitte stehen bleiben könnten, um uns eine Weile zu erholen, doch Karen war anderer Meinung.

„Du schaffst das schon, Jola", sagte sie und tätschelte mein Bein. „Schließlich bist du oben geblieben."

Ich wollte meutern und an Ort und Stelle absteigen, doch da hatte Karen Buttricks schon davongescheucht und dazu gebracht, sich den anderen Pferden anzuschließen. Ich hatte keine Chance. Und Buttricks ebenso wenig, denn jetzt behielt Karen ihn im Auge. Als er anfing, wieder hinterherzutrotten, rief sie so laut „Buttricks!", dass es in der gesamten Halle vibrierte. Da riss er sich tatsächlich zusammen.

Wir ritten zwei Runden, während Karen uns anfeuerte und sagte, dass es wunderbar lief. Man hätte annehmen können, dass sie sich damit zufriedengab, doch dann kennt man Karen schlecht. Nein, jetzt war es an der Zeit, durch die ganze Bahn zu wechseln. Und ab da wurde es total chaotisch. Ich war nicht die Einzige, die alles durcheinanderbrachte. Sickan an der Spitze sah aus, als wäre sie sturzbetrunken, als sie quer durch die Halle torkelte. Korint, der hinter ihr ging, versuchte, zu überholen und vor sie zu kommen. Diamant und Kola pfiffen darauf, abzubiegen und gingen stattdessen geradeaus auf dem Hufschlag weiter. Dem Mädchen, das Samba ritt, gelang es, abzubiegen, und dabei nahm sie gleich Martina und Buttricks mit. Das einzige Problem war, dass wir, nachdem wir die Halle diagonal durchkreuzt hatten und wieder auf den gegenüberliegenden Hufschlag reiten wollten, mit Diamant und Kola zusammenstießen.

„Oje, oje, oje!", seufzte Karen. „Das kann doch nicht so schwer sein?"

„Superschwer!", jammerten wir.

Karen musste uns herumführen und dafür sorgen, dass alle Pferde mit der Nase in die gleiche Richtung und in der richtigen Reihenfolge standen.

„Und noch einmal: Abteilung Schritt Maaarsch", rief sie schließlich.

Dieses Mal ging Karen an der Spitze und tat so, als ob sie Pferd und Reiter in einem wäre. Dann konzentrierte ich mich so sehr, dass ich tatsächlich vergaß, Angst zu haben. Man sollte die ganze Ecke ausreiten, also vor bis zum Buchstaben H, den linken Zügel aufnehmen und dem Pferd damit zeigen, wohin es gehen sollte.

Die Augen auf den diagonal gegenüberliegenden Buchstaben F gerichtet halten, die rechte Hand etwas nach vorne führen und im Zügel nachgeben, das Pferd antreiben und bei F wieder nach rechts wenden.

Oje, das ist fast unmöglich zu erklären. Ich zeichne es hier drunter auf, dann ist es vielleicht leichter zu verstehen.

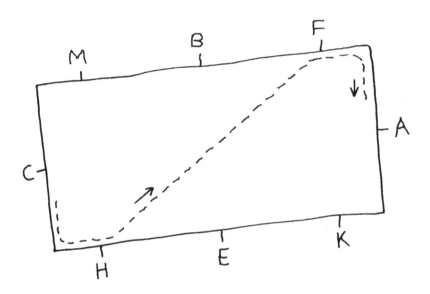

Wir machten auf alle Fälle mindestens elfundneunzig Wendungen schräg durch die Bahn, bevor Karen zufrieden war und uns wieder auf der Mittellinie aufstellen ließ. Das war aber auch nicht ganz einfach und eine besonders gerade Linie wurde es nicht. Doch Karen wirkte zufrieden.

„Sehr gut gemacht!", sagte sie.

Wir streckten uns und schauten einander an. Alle sahen mächtig stolz aus.

„Jetzt lehnt ihr euch vor und umarmt die Pferde", rief Karen.

Wir warfen uns vor und gaben unseren Pferden eine Riesenumarmung. Ich legte meine Wange an Buttricks' Hals und flüsterte: „Du warst der Beste!"

Es war tatsächlich einige Sekunden total gemütlich. So lange, bis Karen lächelte und aussah, als würde sie uns ein Geschenk machen. „Jetzt könnt ihr darüber nachdenken, welches Pferd ihr noch ausprobieren wollt", sagte sie. „Nächste Woche tauschen wir."

Danke, Buttricks

Nach der Reitstunde saßen wir auf den Bänken im Umkleideraum und redeten über die Pferde. Nur eine Einzige von uns, ein Mädchen namens Katja, wollte das Pferd wechseln.

„Diamant kann man kaum lenken", sagte sie.

„Das haben wir gemerkt", witzelte ich.

„Du kannst ganz still sein", antwortete Katja ein wenig säuerlich. „Wir mussten ja erst mal Ewigkeiten auf dich warten, bevor wir loslegen konnten."

„Ich weiß", seufzte ich. „Aber trotzdem will ich Buttricks behalten, ich hab mich irgendwie an ihn gewöhnt."

„Karen sagt, man muss lernen, auf unterschiedlichen Pferden zu reiten", sagte Alice, die Martina geritten hatte.

„Sonst wird man kein guter Reiter", bestätigte Bea, die immer die Beste in der Gruppe war.

„Ich will einfach nur überleben", seufzte ich erneut.

Dann gingen wir alle Pferde aus der Reitschule durch und gaben ihnen Plus- und Minuspunkte. Ich schrieb alles auf, damit ich es später Alba erzählen konnte. Und das kam dabei heraus:

Sickan ist weich im Sitz und immer gut drauf (aber denk dran, dass die, die das gesagt hat, völlig vernarrt ins Reiten und immer die Beste der Gruppe ist).

Korint weigert sich, das Maul zu öffnen, wenn man die Trense anlegen muss, und will sich immer mit den anderen Pferden messen (ihn will ich absolut nicht haben).

Diamant ist hart im Maul, schwer zu lenken und zu bremsen (ich will auf keinen Fall ein Pferd haben, das schwer zu bremsen ist).

Kola will am liebsten mit der Nase am Schweif von Diamant gehen, denn sie sind die besten Freunde (klingt nicht gut, finde ich – wenn Diamant nicht zu bremsen ist, dann bremst Kola wohl auch nicht?).

Martina ist eine Stute (Mädchenpferd). Sie ist stur und wiehert, wenn Wallache (kastrierte Jungspferde) sie anschauen, außerdem ist sie kitzlig, wenn man sie bürstet (sie klingt wie der reinste Albtraum, wenn du mich fragst).

Samba macht, was Karen sagt, was man tun soll, bevor man es ihm selbst gesagt hat (klingt perfekt, finde ich).

„Sambas Pflegerin behauptet aber, dass er sich gerne wälzt", fügte Caro hinzu.

„Während man draufsitzt?", fragte ich und starrte Caro enttäuscht an. Warum musste sie das sagen? Gerade, als ich dachte, ich hätte das perfekte Traumpferd beschrieben bekommen.

„Er sinkt sozusagen in sich zusammen", erklärte Caro. „Dann muss man sich beeilen abzuspringen, damit man nicht drunter eingeklemmt wird."

„Aber jetzt musst du noch verraten, wie Buttricks ist", sagte Alice zu mir. „Er wirkt so goldig."

Eine mürrische Stimme in meinem Kopf brummte, dass sie Buttricks mal schön in Ruhe lassen sollte. Er war nämlich *meiner*.

„Wenn man Pferde mag, die die ganze Zeit schlafen, ist er perfekt", antwortete ich daher. Plötzlich hatte ich keine Lust, mich darüber auszulassen, wie freundlich Buttricks tatsächlich ist. „Es ist ein bisschen anstrengend, ihn zu reiten, weil man ihn die ganze Zeit antreiben muss", fuhr ich daher fort.

„Ich glaube, ich nehm ihn trotzdem", meinte Alice. „Ich finde, er ist süß."

Als ich heimkam, stürzte ich zum Telefon und rief Alba an. Es klang, als hätte sie nur darauf gewartet, denn sie hob sofort ab.

„Wie war's?", wollte sie wissen.

„Ich bin fast runtergefallen, aber dann war's super", erzählte ich.

Dann flippte sie fast aus, als ich sagte, dass wir nächste Woche die Pferde tauschen sollten.

„Das ist so ungerecht", klagte sie.

„Sag das Karen", meinte ich.

„Ich glaub eher nicht", sagte Alba mit düsterer Stimme.

Ich las ihr die Beschreibungen der Pferde vor. Als Alba ihre Beschreibung von Star hinzufügen sollte, klang das folgendermaßen: Star ist nervös und sensibel und hat vor einer Menge Sachen Angst, aber er ist trotzdem der Weltbeste und Kuschligste und Goldigste und Schönste …

Ja, Alba hätte noch Ewigkeiten weitermachen und jede einzelne von Stars superduper Eigenschaften aufzählen können, wenn nicht ihre Mutter gekommen und uns unterbrochen hätte.

„Ich muss mich wieder hinlegen", keuchte Alba in den Telefonhörer. „Sonst werde ich nie mehr gesund."

„Ach bitte", flehte ich, „nur ein bisschen länger … du musst mir doch helfen. Welches soll ich nur nehmen?"

„Das ist egal", flüsterte Alba. „Nimm einfach irgendeins, die sind sicher alle gleich gut."

Typisch Alba!

Beim Abendessen war ich völlig in Gedanken versunken. Während ich die Spaghetti auf der Gabel aufrollte, dachte ich nach: Samba ist gehorsam, den nehm ich. Dann schrie eine Stimme in meinem Kopf: Nein! Doch nicht Samba! Der wälzt sich doch herum!

„Wie still du heute bist, Jola", meinte Mama nach einer Weile.

Ich antwortete nicht.

„Wie war's heute im Stall?", wollte Papa wissen.

„Irgendwelche blauen Flecken vorzuweisen?", fragte Jack.

„Stell dir vor, ich hab keine", zischte ich.

„An was denkst du dann?", fragte Mama.

„Nichts", antwortete ich.

„Völlig leer in der Birne." Jack nickte.

Manchmal verstehe ich wirklich nicht, warum Mama und Papa sich noch ein Kind angeschafft haben. Es gibt ja doch nur dauernd Streit. Einen Vorteil hatte dieser Moment allerdings: Ich war so damit beschäftigt, Jack zu hassen, dass ich eine Weile tatsächlich nicht mehr daran dachte, dass wir die Pferde tauschen würden. Erst als ich in mein Zimmer kam und meine Notizen aus der heutigen Reitstunde sah, wurde ich wieder daran erinnert.

Sechs Striche durchgestrichen, vier Striche übrig. Vier Reitstunden auf einem unbekannten Pferd, das jetzt gerade im Stall in Malmen steht und sich vorbereitet …

Danke, Buttricks.

Alba war ziemlich bleich und müde, als sie am Mittwoch wieder in die Schule kam. Sie saß neben mir und hustete den ganzen Tag.

„Ich musste heute wieder zur Schule kommen", krächzte sie, als ich mich beschwerte. „Sonst hätte ich heute Nachmittag nicht mit zum Stall fahren dürfen."

Ist das nicht total unlogisch? Eine von uns will nicht zum Stall fahren, weil sie glaubt, dass sie dort sterben wird, und die andere würde gerne ihr Leben dafür geben, dorthin fahren zu dürfen …

Doch ich jammerte nicht. Alba durfte rumrotzen und husten, so viel sie wollte (und mich vielleicht sogar damit anstecken, ganz schnell – so etwa bis heute Nachmittag).

Es fühlte sich fantastisch an, wieder zusammen im Bus zu sitzen und zu plaudern. Einfach wunderbar, gemeinsam da zu sein und Alba neben mir zu haben, als Karen die Glaswand zur Seite schob und rausschaute.

„Schön, euch wieder zu sehen", sagte sie. „Habt ihr spezielle Wünsche, was die Pferde angeht?"

Das gab ein ordentliches Durcheinander. Alice rief „Buttricks", während alle anderen „Sickan" schrien und durcheinander redeten. Nur Alba und ich waren still. Alba, weil sie am liebsten weiter auf Star reiten wollte, aber wusste, dass sie das nicht durfte. Und ich, weil ich dachte, dass es sowieso keine Rolle spielen würde, auf wem ich ritt, weil es eh in die Hose gehen würde.

„Wisst ihr was", unterbrach Karen, „Es ist wohl das Beste, wenn *ich* euch die Pferde zuteile."

Alice bekam Buttricks und war überglücklich, als sie in Richtung Stall verschwand. Und ich war so damit beschäftigt, eifersüchtig zu sein, dass ich gar nicht mitbekam, welche

Pferde den anderen zugeteilt wurden. Dann war ich an der Reihe.

„Jola", sagte Karen, „du kannst Samba ausprobieren."

„Das geht nicht!", schrie ich.

„Das geht wunderbar", sagte Karen.

„Aha, und was, wenn er sich hinlegt und mich zu Brei verarbeitet?", quiekte ich. „Was sagst du dann?"

„Du spürst, wenn er vorhat, sich hinzulegen." Karens Stimme war so sicher, wie nur Karens Stimme sein kann. „Dann nimmst du einfach die Zügel auf und treibst ihn an. Dann hört er schon auf."

„Einfach?!", fragte ich.

„Ich versprech's dir", sagte Karen mit einem Lächeln.

Samba stand in der fünften Box links von der Stallgasse. Er war dunkelbraun mit einer Menge Weiß im Gesicht bis runter zu den Nüstern. Beim Näherkommen sah ich, dass er um die Nasenlöcher herum ganz rosa war. Als ich ankam, stand Samba mit dem Kopf in Richtung Gasse gewandt und blickte mich an. Er sah nicht die Spur verschlafen aus. Überhaupt nicht wie Buttricks.

„Hallo, liebster Sambakumpel", flötete ich.

Samba sah mich mit gespitzten Ohren an. Dann schüttelte er den Kopf und scharrte mit den Hufen im Stroh. „Was soll das denn, Jola?", schien er sagen zu wollen.

„Du kannst gerne reingehen", meinte die Pflegerin, die sich um Samba kümmerte. „Er ist superlieb."

Ein hilfsbereites Pferd

Sambas Fell war kurz und glänzend. Ihn zu bürsten war ein Klacks.

„Fertig", sagte ich.

„Dann kannst du bei den Hufen weitermachen", sagte Elsa, seine Pflegerin, die vollauf damit beschäftigt war, seinen Schweif auszukämmen.

Kaum hatte ich die Hand auf Sambas Bein gelegt, hob er blitzschnell den Huf.

„Hilfe! Ist er böse?", fragte ich und machte einen Satz zur Seite.

„Er ist nur gehorsam." Elsa kicherte. „Er will mithelfen."

In dem Moment kam Karen, um zu sehen, wie es bei mir lief.

„Es läuft gut", sagte ich ein wenig verblüfft.

„Das wusste ich doch", meinte Karen glücklich. „Samba ist total kuschelig, er ist perfekt, wenn man ein bisschen Angst hat."

„Sowohl hilfsbereit als auch verständnisvoll", murmelte ich vor mich hin, als Karen weiterlief.

Während Elsa den Sattel holen ging, ergriff ich die Gelegenheit, einige Worte mit Samba zu wechseln. Seine kleinen dunkelbraunen Ohren wippten vor und zurück, als würde er tatsächlich zuhören.

„Keine Dummheiten heute", flüsterte ich. „Dich hinlegen kannst du in einer anderen Reitstunde, okay?"

Sambas Kopf war so nah, dass ich die Wärme seines Atems durch meinen Pulli spüren konnte. Das war echt kuschelig. Als ich ihn unter der Mähne streichelte, schloss er die Augen und schien es sehr zu genießen. Fast wie Marmelade. Obwohl er natürlich nicht schnurrte. Den Sattelgurt mochte er dagegen gar nicht. Als Elsa anfing, diesen fest zu zurren, machte er gruselige Grimassen und schlug mit dem Kopf. Da trat ich zurück an die Boxenwand und wünschte mich woandershin.

„Darum musst du dich nicht kümmern", sagte Elsa. „Er tut nur so, als wäre er sauer und böse. Samba würde nie etwas tun."

Samba, das hilfsbereite, raffinierte und verständnisvolle Pferd, ging brav neben mir in die Reithalle. Er schien sogar zu wissen, wie Karen wollte, dass wir uns hinstellen. Ich musste eigentlich nur hinterhergehen.

„Du bist ein ganz Feiner, du", hörte ich mich selber gurren. Ich klang schon fast so wie Alba, wenn sie von Star erzählte.

„Er ist ganz toll, nicht wahr?", fragte Elsa.

„Wir werden sehen", murmelte ich etwas miesepetrig. Ich wollte das Schicksal nicht herausfordern.

Sambas Rücken war nicht so breit wie Buttricks. Dadurch war er aber viel bequemer. Außerdem schien er meine weichen Winterstiefel zu mögen. Ich musste nur ein bisschen mit meinen Schenkeln drücken, schon ging er auf den Hufschlag. Karen wies uns an, mit langen Zügeln im Schritt zu reiten, damit die Pferde ihre Muskeln aufwärmen konnten. Zum ersten Mal fiel mir auf, dass rundherum an den Wänden große Spiegel hingen. Da kam Jola Sandström angeritten! Runde rote Backen unter einem schwarzen Pilzhut.

Wow, dachte ich. Ich reite! Allein! Auf einem riesigen dunkelbraunen Pferd!

Die Pflegerinnen saßen auf der Tribüne und quatschten miteinander. Alba ritt vor mir auf Korint. Ich versuchte, mich daran zu erinnern, was die anderen Mädels über ihn gesagt hatten. Und genau in dem Moment, als es mir wieder einfiel, hörte man einen Knall! Jemand hatte die Tür zur Tribüne zugeschlagen. Star, der vor Korint ging, bekam so einen Schreck, dass er sich aufbäumte. Da begann Caro, die auf Star ritt, zu schreien. Der Schrei war sowohl für Star als auch für Korint der Startschuss.

„Haaaaalt!", rief Karen.

Samba hielt sofort an, doch Star und Korint hörten nicht auf sie. Und die arme Alba verlor die Steigbügel, als Korint davonjagte.

„Hilfe!", schrie Alba.

„Lehnt euch zurück und haltet euch fest!", rief Karen, doch da saß Alba schon auf dem Boden und heulte.

Caro schaffte es tatsächlich, Star zu stoppen, doch Korint galoppierte weiter mit fliegenden Steigbügeln. Und Samba stand die ganze Zeit da und schnaubte. Ich fühlte sein Herz unter mir schlagen.

„Brav", sagte ich mit zitternder Stimme.

Karen half Alba hoch und klopfte sie ab. Dann sagte sie zu Korints Pflegerin, dass sie von der Tribüne runterkommen solle, um ihn einzufangen. Doch als Karen wollte, dass Alba wieder aufsaß, schüttelte diese entschieden den Kopf.

„Es ist wichtig, dass man sofort wieder in den Sattel steigt", sagte Karen.

Alba war furchtbar weiß im Gesicht, aber immerhin hatte sie aufgehört zu husten. Das war wohl der Schock, nehme ich an. Karen gelang es, Alba zu überreden, und Korints Pflegerin ging nebenher und hielt ihn während der restlichen Reitstunde am Zügel. Alba hing eigentlich nur noch im Sattel und sah völlig fertig aus. Karen ging neben den Pferden her und redete davon, dass man damit rechnen müsse, manchmal runterzufallen, wenn man reiten lernen wolle.

„Ich wusste es!"

Ich glaubte, dass ich das nur gedacht hatte, doch die Worte flogen geradezu aus meinem Mund. Superlaut! Da fingen alle an zu lachen. Sogar Alba.

„Manchmal kann man sich schon fragen, warum du überhaupt mit dem Reiten angefangen hast, Jola", sagte Karen.

Ja, das kann man wirklich, dachte ich. Total leise und nur für mich selbst.

Den Rest der Stunde mussten wir üben, wie man anhält. Wir hielten alle zugleich an. Dann hielten wir nacheinander an und versuchten, die Pferde dazu zu bringen, still zu stehen, während die anderen noch weiterliefen. Es war fast so, als ob Karen gerade erst auf das mit dem Anhalten gekommen wäre. So, als hätte sie sich gedacht: Ach ja, die Mädels müssen ja noch lernen, wie man die Pferde anhält!

Samba war von Anfang an bei allem dabei. Doch nach einer Weile schien es ihn zu langweilen, nur still zu stehen und zu warten. Es war, als ob er am ganzen Körper Ameisen hätte, als ob er aus seiner eigenen Haut kriechen wollte. Doch ich war Karen – streng hielt ich die Zügel fest.

„Still", brummte ich.

Es spielte aber keine Rolle, was ich sagte. Plötzlich knickte Samba in den Beinen ein und geriet ins Schwanken.

„Samba geht runter!", schrie ich.

„Druck auf die Schenkel!", rief Karen.

„Was?"

Mein Hirn funktionierte nicht richtig und dann war es

auch schon zu spät, denn Samba lag bereits auf den Knien. Ein bisschen wie ein Kamel.

„Oje!"

Ich weiß nicht, wie es abgelaufen ist, doch plötzlich stand ich neben Samba, der angefangen hatte, seinen Kopf im Torf zu reiben. Es sah aus, als hätte er es gerade so richtig nett, bis Karen angerannt kam und an seinen Zügeln zog.

„Hoch mit dir", schimpfte sie streng.

Sambas Mähne und sein ganzer Kopf waren voll braunem Torf. Er blickte Karen an und brummelte laut. Als ob er sagen wollte: „Meine Güte, was bist du anstrengend und ungerecht." Da konnte ich mich kaum noch halten vor Lachen. Und dann lachte Karen auch.

„Ja, du siehst schon", sagte sie. „Samba ist ein kleiner Clown."

Auf dem Heimweg saßen Alba und ich nur still im Bus und blickten in die Dunkelheit draußen. Wir waren wahrscheinlich ein bisschen schockiert über alles, was passiert war.

„Glaubst du, wir lernen noch zu reiten?", fragte Alba nach einer Weile.

„Ich weiß nicht", sagte ich.

„Es war schon ziemlich unheimlich, runterzufallen", murmelte Alba.

„Zum Glück ist nichts passiert", erwiderte ich mitfühlend.

Erst am Abend, als ich den Strich für die siebte Reitstunde ausgelöscht hatte, fiel mir auf, dass es tatsächlich *Alba* gewesen war, die runtergefallen war. Nicht die tollpatschige Jola Sandström. Das war wirklich unglaublich.

Der erste Schnee

An diesem Wochenende begann es zu schneien. Als ich Marmelade rausbringen sollte, zitterte er und flüchtete schnell zurück durch die Haustür nach drinnen. Er raste durch die Wohnung, kroch unter mein Bett und weigerte sich hervorzukommen. Es half nicht mal, „Dorsch" zu rufen. Ich versuchte, mich zu ihm unter das Bett zu schlängeln, doch er blickte mich nur misstrauisch mit seinen gelbgrünen Augen an. Als ob ich der Feind wäre.

„Dann sei halt so", murrte ich seufzend und ging stattdessen rüber zu Alba.

Der erste Schnee führt immer dazu, dass man völlig plemplem wird. Alba und ich machten Schneeengel in Albas Garten. Wir rollten herum und seiften einander ein und waren so kindisch, wie man nur sein konnte.

Am Sonntag hatte es so viel geschneit, dass wir große Schneebälle aufrollen und damit ein Schneepferd vor Albas Haus bauen konnten. Wir setzten uns beide abwechselnd drauf und spielten Ritterduell. Ich schaffte es, Alba zweimal abzuwerfen, bevor sie draufkam, dass sie mich am Bein ziehen und runterholen konnte. Dann kamen Wiggo und Wilma angeschlittert und wollten, dass wir so taten, als seien wir ihre Pferde. Und das haben wir natürlich gemacht. Wiggo durfte auf Albas Rücken hopsen, während Wilma auf mir ritt.

Dann entschied Wiggo, dass sie in einem Wettkampf austesten sollten, wessen Pferd am wildesten war und wer sich am längsten im Sattel halten konnte. Da wurden Alba und ich total wild und bockten so sehr, dass sie die ganze Zeit runterplumpsten. Aber der Schnee war so weich, dass das nichts ausmachte. Es war so lange lustig, bis wir völlig durchnässt waren und anfingen, mit den Zähnen zu klappern. Da gingen wir dann lieber zu Alba rein und kochten Tee und machten uns überbackene Brote im Ofen.

„Ich komme wahrscheinlich nicht mit in den Stall am Mittwoch", sagte Alba mit dem Mund voller Brot.

„Aber …" Ich war so verblüfft, dass ich gar nicht wusste, was ich sagen sollte.

„Ich muss mich entscheiden", meinte Alba. „Ich mach ja schon so viele andere Sachen."

„Aber was ist mit uns?", jammerte ich „Das sollte doch unsere gemeinsame Sache werden."

„Ich weiß." Alba ließ den Kopf hängen und sah traurig auf ihr Brot. „Aber trotzdem."

„Was, trotzdem?", fragte ich.

„Du wirst ja ohnehin nicht mit dem Reiten weitermachen", sagte Alba und schaute auf.

Mir gingen alle möglichen Gedanken im Kopf herum, als Alba das sagte. Es war unmöglich, sie zu ordnen.

„Du hast mich doch überredet", sagte ich.

„Ich weiß." Alba seufzte tief.

„Ich hab es geschworen", sagte ich. „Ich muss weiter hingehen."

„Mm", machte Alba.

Dann sagten wir lange nichts. Ich zählte stattdessen eine Menge Dinge im Kopf zusammen. Das Ergebnis war ziemlich unglaublich.

„Du hast Angst", sagte ich schließlich.

„Ach was", meinte Alba.

„Es war total gruselig, als du runtergefallen bist", fuhr ich fort. „Ich hätte niemals überlebt."

„Dass Pferde so verrückt werden können …" Alba schielte zu mir rüber.

„Ich weiß", sagte ich und nickte. „Das ist total krass."

„Karen sagte, dass wir das gleiche Pferd noch dreimal reiten müssen", sagte Alba und starrte auf ihr Brot.

„Mm", machte diesmal ich.

Ich dachte an den goldigen Samba und fing an zu lächeln.

„Dreimal Korint", sagte Alba mit düsterer Stimme.

„Und wenn du das Pferd wechseln dürftest?", fragte ich.

„Da willigt Karen niemals ein", sagte Alba und seufzte wieder. „Ich würde mich nicht mal trauen zu fragen."

Ich verstand genau, was Alba meinte. Gleichzeitig wurde ich völlig verzweifelt. Wenn Alba nicht mitkam, würde ich wirklich sterben. Und das, wo ich doch nur noch drei Striche bis zum endgültigen Überleben übrig hatte!

„Wir tauschen", sagte ich, während mein Herz so hart schlug, dass es fast heraussprang. „Du nimmst Samba und ich Korint."

Es ist eine Sache, an einem verschneiten Sonntag den Helden zu spielen, aber eine ganz andere, das auch an einem matschigen Mittwoch zu bleiben. Mir ging es richtig schlecht, als ich in den Bus einstieg.

„Glaubst du wirklich, Karen erlaubt uns, zu tauschen?", fragte Alba, sobald sie mich sah. Und das war sicher schon das hundertste Mal diese Woche, dass sie das fragte.

Ich biss die Zähne zusammen und nickte, so entschieden ich konnte, während ich gleichzeitig hoffte, dass der Bus von der Fahrbahn abkäme oder eine Panne hätte.

Dann standen wir wieder vor der Tafel. Alice und Caro hatten beide eine Sicherheitsweste als Vorabweihnachtsgeschenk bekommen. Jetzt standen sie da, hauten einander auf den Rücken und redeten darüber, wie gut es doch sei, so eine Weste zu haben, falls man mal runterfiel.

„Das ist viel sicherer", sagte Caro.

„Das ist auch supergut, wenn das Pferd auf einen drauftrampelt", sagte Alice.

Ich hatte mich schon fast dafür entschieden, Alba zuzuflüstern, dass wir abhauen sollten, als Karen ankam.

„Alle wieder da", sagte sie und sah fröhlich aus. „Wie schön!"

„Hast du etwas anderes erwartet?", musste ich dann doch fragen.

„Man weiß ja nie", sagte Karen und lächelte. „Es gibt viele, die Angst bekommen, wenn das erste Mal jemand aus der Gruppe runterfällt."

„Ich hab nur deswegen eine Sicherheitsweste bekommen", sagte Caro zufrieden.

„Ich auch", meinte Alice. „Erst hat Mama gesagt, dass sie will, dass ich aufhöre. Dann sind wir los und haben die Weste gekauft."

„Und du?" Karen wandte sich an Alba. „Hast du keine Angst bekommen?"

„Doch." Alba nickte.

„Wie fühlst du dich damit, heute wieder auf Korint zu reiten?", fragte Karen.

Alba wurde knallrot und sah zu Boden.

„Alba und ich wollen die Pferde tauschen", sagte ich da.

„Aha", sagte Karen und sah mich an. „Wollt ihr das."

„Jetzt bin ich dran mit Runterfallen", sagte ich.

Da fing Karen an zu lachen. „Korint macht meistens

das, was er soll", sagte sie dann. „Aber manchmal gibt es eben Dinge, die etwas anderes in den Pferden auslösen."

Während die Pflegerinnen unsere Pferde fertig machten, mussten wir mit Karen in die Futterkammer. Dort saßen wir, aufgereiht auf Heuballen, während Karen erzählte, dass Pferde Fluchttiere seien. Wenn etwas ihnen Angst einjage, sei es ihr Instinkt, wegzulaufen. Weg von der Gefahr.

„Deshalb sind Korint und Star durchgegangen", erzählte Karen. „Nicht, weil sie euch nicht mögen oder euch schaden wollten."

„Kann man den Leuten nicht verbieten, die Türen zuknallen zu lassen?", fragte ich.

„Es kann immer mal etwas Unvorhergesehenes passieren", antwortete Karen. „Es ist gut, darauf vorbereitet zu sein, dass die Pferde auch mal Angst bekommen können."

Es fühlte sich tatsächlich etwas besser an, nachdem Karen uns das alles erklärt hatte. Gut zu wissen, dass die Pferde nicht darauf aus waren, uns ums Eck zu bringen. Das Gefühl hielt so lange an, bis Karen sich erhob und sagte, dass es jetzt Zeit sei, die Pferde zu holen und zur Reithalle zu gehen. Meine Beine zitterten, als ich aufstand und in Richtung von Korints Box ging.

„Jola!"

Ich fror auf der Stelle fest, als Karen meinen Namen sagte.

„Ich möchte gerne, dass du Samba noch einige Male reitest", sagte sie. „Ihr kommt so gut miteinander aus."

Es war, als ob sie mit dem tollsten Geschenk der Welt direkt vor meiner Nase rumwedelte. So unglaublich verführerisch, es einfach dankend anzunehmen!

„Ich hab's aber Alba versprochen", murmelte ich.

„Alba darf stattdessen mit Bea tauschen und Sickan nehmen."

Alba sah mich an. Wären wir allein gewesen, hätten wir vermutlich ziemlich lange vor Glück getanzt und gesungen. Aber das taten wir nicht. Wir lächelten nur ein bisschen. Sogar Bea sah froh aus. Der Grund dafür war aber vermutlich eher, dass Karen zu ihr gesagt hatte, dass sie diejenige in der Gruppe sei, von der sie wisse, dass sie mit Korint klarkam.

Als wir auf dem Heimweg im Bus saßen, war Alba wieder in Topform. Doch jetzt liebte sie Sickan anstelle von Star.

„Es sind nur noch zweimal übrig", erinnerte ich sie.

„Ich will unbedingt weitermachen", sagte Alba.

„Und was ist mit all deinen anderen Hobbys?", fragte ich etwas mürrisch.

„Sei nicht sauer, Jola", bat Alba. „Sag, dass wir weitermachen. Ich will nur, wenn du auch willst."

Himmel und Pfannkuchen

Am Montag in der Schule beschloss unser Heimatkundelehrer, dass Mädchen und Jungs paarweise zusammenarbeiten sollten. Klar, dachte ich. Das wird super ... Ich sah vor mir, wie ich als Letzte dasitzen und dann doch mit einem Mädchen zusammenkommen würde. Denn wir sind mehr Mädchen als Jungs in der Klasse. Ich war bereits ganz schön sauer darüber, als plötzlich Tristan rief: „Jola! Du und ich, wir machen das zusammen, oder?"

Mickan und ihre Clique blinzelten mit ihren geschminkten Wimpern und glotzten mich an. Sie waren so schockiert, dass sie vergaßen, jemanden auszuwählen, mit dem sie selber zusammenarbeiten wollten. Sogar Alba sah ziemlich verblüfft aus. Sie warf mir Blicke zu, die schrien: „Waaaaaaas?" Doch dann wurde sie mit Kalle vereinigt und hatte somit etwas anderes, worüber sie nachdenken konnte.

Der Lehrer schrieb ein Rezept für Pfannkuchenteig an die Tafel und sagte, wir sollten die Arbeitsaufgaben unter uns aufteilen. Tristan wollte die Pfannkuchen backen. „Das mach ich jeden Donnerstag, wenn Mama bei ihrer Gymnastik ist."

Tristan redete weiter, als ob wir uns schon ewig kennen würden. Und das taten wir wohl auch. Wir gehen ja seit der ersten Klasse zusammen zur Schule. Jetzt erzählte Tristan von seinen zwei kleinen Brüdern und wie unglaublich viele Pfannkuchen die verdrücken konnten. Ich fing an, mich zu entspannen. Es war richtig gemütlich, so am Tisch zu sitzen und zuzuschauen, während Tristans Pfannkuchenberg auf dem Teller wuchs. Ich hätte mir denken können, dass das nicht lange so weitergehen konnte.

„Wie läuft es denn mit den Pferden?", fragte Tristan, während er einen Pfannkuchen in der Pfanne wendete. „Musstet ihr schon galoppieren?"

„Nein, das hat nicht geklappt", sagte ich. „Die Pferde sind komplett durchgedreht, als Alba runtergefallen ist."

„Oje, wie gruselig!"

Tristan sah rüber zu Alba, die gerade dabei war, Teig anzurühren.

„Aber wir wollen absolut *nicht* darüber sprechen", meinte ich.

„Okay." Tristan nickte.

Als wir uns hingesetzt und zu essen angefangen hatten, erzählte Tristan, dass seine Tante einen Hof auf dem Land habe, mit jeder Menge Pferde. Sie hatte versprochen, dass er zu ihr kommen und reiten dürfe.

„Danach kann ich vielleicht bei eurer Gruppe mitmachen", sagte Tristan. „Also, wenn ich schon ein bisschen was gelernt hab, meine ich."

„Wir sind bereits voll", sagte ich sehr energisch.

„Aber wenn jemand aufhört oder so", meinte Tristan.

Ich tat so, als wäre ich vollauf damit beschäftigt, Pfannkuchen zu kauen, während ich wünschte, Tristan wäre ein *bisschen* mehr wie alle anderen Jungs, die immer rumtönen, Pferde würden so schlecht riechen und nur für Hamburgerfleisch taugen. Obwohl, am meisten wünschte ich mir, ich hätte nicht so viel gelogen.

„Willst du vielleicht mitkommen?", fragte Tristan, während er Marmelade auf einem Pfannkuchen verteilte.

„Was?"

„Zu meiner Tante", sagte Tristan. „In den Weihnachtsferien."

„Wir werden vermutlich auf die Bahamas fliegen, deshalb geht das nicht", entfuhr es mir.

„Vermutlich?", fragte Tristan.

„Ja, das hängt davon ab", antwortete ich, „ob es Flugtickets gibt und so."

„Cool", sagte Tristan.

Also echt. Ich glaube, ich muss zum Arzt und mich untersuchen lassen. Es ist etwas an Tristan, das mich dazu bringt, noch bekloppter zu sein als sowieso schon. Ich glaube, dass es vielleicht an seinem süßen Lächeln liegt, das man immer auch in seinen Augen sehen kann. Das macht es schwer, normal zu denken.

Nach dem Heimatkundeunterricht war mir schlecht. Ich schob es auf die Pfannkuchen, als Alba vorschlug, wir könnten was zusammen unternehmen. Also durfte sich Marmelade die ganze Lügensuppe anhören, die ich mir eingebrockt hatte. Ich hatte extra dafür ein Treffen des Faultier-Clubs anberaumt.

„Nach den Weihnachtsferien sage ich, dass ich aufgehört habe zu reiten und dass wir es nicht auf die Bahamas geschafft haben", erklärte ich ihm.

Marmelade schnurrte aus vollem Hals und speichelte auf meine Hand. Er konnte mir nicht wirklich helfen, aber es fühlte sich trotzdem gut an, mit jemandem zu reden.

Da ist etwas mit Tristan, das nicht stimmt, dachte ich dann. Er ist vielleicht besessen. Womöglich hat ihn jemand verzaubert. Er glaubt anscheinend, er würde mit einem superhübschen Mädchen abhängen, obwohl es eigentlich nur Jola Sandström ist, mit der er da redet. Also ehrlich! Das ist doch voll gestört!

Es gab so vieles, worüber ich nachdenken musste, wegen der Schule und Tristan und allem. Und so vergaß ich völlig, mich vor Mittwoch zu fürchten. Als ich mich umzog, um zum Stall zu fahren, waren nur zwei Striche übrig. Jetzt hatte es wohl keinen Sinn mehr, um Reitstiefel zu betteln.

Ich fühlte mich tatsächlich etwas traurig. Es war eigentlich doch sehr schön, Alba an der Bushaltestelle zu treffen, im Bus zu sitzen und über Samba und Sickan zu quatschen. Ziemlich entspannend, eigentlich. Und dann die ganzen fröhlichen Gesichter, die bei der Tafel auf uns warteten. Die Reiterfreunde, die alle meinten, dass sie sterben würden, wenn nächste Woche der Reitunterricht zu Ende ging. Letzteres bekam Karen mit.

„Ihr könnt euch ja auch noch für eine der Aktionen während der Weihnachtsferien anmelden", sagte sie. „Schaut mal nachher an der Anschlagtafel nach."

Reitstunde Nummer neun

Es fühlte sich richtig angenehm an, in Sambas Box zu gehen. Schön, in das wippende dunkelbraune Pferdeohr zu flüstern, dass er der Beste sei. Es dauerte eine Weile, bis ich mich fragte, wo Elsa stecken könnte. Erst da bemerkte ich, dass es heute nicht eine einzige Karen-Kopie im Stallgang gab.

„Es ist wohl am besten, wenn du langsam loslegst, Jola", meinte Karen, als sie mich aus der Box spähen sah.

„Aber", platzte ich heraus, „wo sind denn die Pflegerinnen?"

„Das ist heute eure neunte Reitstunde", sagte Karen lächelnd. „Ab jetzt kommt ihr doch allein klar."

Ich wurde total nervös. Rundherum in den Boxen wurde in voller Fahrt geputzt. Ein Teil der Mädchen schleppte bereits die Sättel an. Und das war alles im Gange, während Jola Sandström dastand und Unsinn mit ihrem Pferd plapperte.

„Warum hast du mir nichts gesagt?" Ich sah Alba sauer an, als ich an Sickans Box vorbeilief.

„Hab ich doch", meinte Alba.

„Jetzt werd ich's niemals rechtzeitig schaffen", jammerte ich.

„Willst du, dass ich dir helfe?", fragte Alba.

„Vielleicht."

Ich versuchte, ein Lächeln zustande zu bringen, bevor Alba zur Sattelkammer marschierte. Während ich Samba striegelte, durfte er sich anhören, welch langweilige Spaßbremse ich war. Ich kapierte einfach nicht, warum Alba immer noch meine beste Freundin sein wollte. Dann zählte ich all das auf, in dem ich besser werden wollte: auf Alba hören, positiv sein, nicht immer nur an schlimme Sachen denken, die im Stall passieren könnten ... Weil ich gerade dabei war, fügte ich noch ein paar allgemeine Dinge hinzu: aufhören, Tristan anzulügen, Mama und Papa und dem Rest der Welt nicht dauernd ein schlechtes Gewissen machen, weil ich bin, wie ich bin, und aufhören, mir um alles Sorgen zu machen.

All das führte natürlich dazu, dass ich die Welt um mich herum vergaß und bald völlig in Gedanken verloren war. Ich stand und strich mit der Schmusebürste über Sambas goldiges Gesicht und erzählte ihm, dass er ziemlich gut roch, auf eine pferdige Art. Erst, als Alba mit Sambas Sattel und Trense angerannt kam, wachte ich wieder auf.

„Ich bin total abgedriftet, tut mir leid", murmelte ich, während Alba den Sattel in meine Arme wuchtete.

Doch Alba hörte mir gar nicht zu. Stattdessen tauchte sie unter Sambas Führstrick durch, auf seine andere Seite. Als ich endlich den Sattel an der richtigen Stelle hatte, nahm sie den Sattelgurt runter und zog ihn fest. Dann lächelte sie mich über seinen Rücken hinweg an.

„Ich muss mich entschuldigen", sagte sie. „Ich hab dich ja dazu gezwungen, mit dem Reiten anzufangen."

So ist Alba. Meine beste Freundin! Ich hoffe, dass sie es auch in Zukunft schafft, mich zu Sachen zu überreden, damit wir zusammen sein können.

„Geh jetzt Sickan auftrensen", sagte ich bestimmt.

„Schaffst du's denn jetzt alleine?"

„Das ist doch schon die neunte Reitstunde", antwortete ich und verdrehte die Augen.

Es war klar, dass Karen einen Plan hatte. Die neunte Reitstunde schien darauf abzuzielen, das Lenken, Anhalten und Antreiben zu lernen. Alba ritt an der Spitze. Sickan war das Pferd, das brav und fröhlich war, solange es alles bestimmen durfte, aber super sauer, sobald jemand anderes es tat. Bea ritt hinter Alba auf Korint. Sie sollte ganz besonders auf ihn aufpassen.

„Mach eine halbe Parade, wenn du Sickan zu nahe kommst", sagte Karen.

Jedes Mal was Neues! Gerade, als wir gelernt hatten, dass Anhalten „durchparieren" bedeutet, und wie wir das hinbekommen sollten, fing Karen von einer *halben Parade* an!

„Das ist eine gute Möglichkeit, die Pferde aufmerksam zu halten", sagte sie. „Sobald man merkt, dass das Pferd darauf reagiert, reitet man einfach weiter."

Aha, dachte ich und verstand natürlich überhaupt nichts. Entweder hält man an oder man hält nicht an. Karen ging von Pferd zu Pferd, um zu kontrollieren, wie es bei uns lief.

„Kann ich jetzt eine halbe Parade von dir sehen, Jola?", fragte sie, als ich an der Reihe war.

Ich zog ein bisschen schlaff am Zügel in der Hoffnung, dass das reichen würde.

„Verhalte dich wie beim Durchparieren", sagte Karen. „Atme tief durch, setz dich aufrecht hin und bring mehr Gewicht in den Sattel. Spann die Muskeln in den Beinen an und halte die Hände kurz geschlossen. Dann gib wieder nach."

Karen ging neben mir und zeigte, was sie meinte. Gerade, als es sich anfühlte, als ob Samba stehen bleiben würde, sagte sie mir, ich solle ihn wieder antreiben. Dann musste ich selbst probieren. Es fühlte sich an, als würde Samba mitten im Schritt stocken, abbremsen und dann doch wieder weitergehen.

„Hoppla!"

Das Gefühl war total unglaublich! Ich sagte Samba, was er tun sollte, und er hörte auf mich! Auf mich!

„Sehr gut, Jola! Genau so muss man es machen."

Karen gab Samba einen Klaps auf den Hals und ging weiter zum nächsten Reiter. Währenddessen saß ich da, grinste vor mich hin und war unglaublich glücklich. Als ich aufsah, entdeckte ich mein eigenes Gesicht im Spiegel auf der anderen Seite. Rote Backen und ein Lächeln von einem Ohr zum anderen. Sogar Samba sah glücklich aus. Er betrachtete sich im Spiegel und spitzte die Ohren.

Als die Reitstunde vorbei war, sagte Karen, wir sollten die Pferde in den Stall bringen. Die Gruppe, die nach uns ritt, hatte heute nur Theorie.

Die neue Gruppe verschwand mit Karen in der Sattelkammer und wir konnten mit den Pferden abhängen. Ich erzählte Samba, dass er das beste Pferd der Welt sei, und noch vieles Schöne mehr, das mir gerade so einfiel. Besonders eine Sache, die Karen gesagt hatte, wiederholte sich in meinem Gehirn. *Sehr gut, Jola! Sehr gut, Jola! Sehr gut, Jola!*

Die Pferde haben vermutlich einfach nur geschlafen. Aber es war so herrlich, im Stall zu sein und herumzupusseln. Und dabei keine gruselige Reitstunde im Nacken zu haben, die auf einen wartete. Wir blieben so lange, dass wir zwei Busse verpassten. Und wir hätten vermutlich den ganzen Abend bleiben können, wenn nicht plötzlich einige ältere Mädels im Stallgang aufgetaucht wären. Eine Karen-Kopie hängte eine Tasche mit Putzsachen an Sambas

Haken und fragte, ob ich fertig sei. Es war völlig klar, dass sie es für absolut unnötig hielt, dass ich in Sambas Box stand.

„Wollte gerade gehen", murmelte ich.

Als ich auf den Gang kam, sah ich, dass die älteren Pflegerinnen jede einzelne Box übernommen hatten. Sie redeten laut über die Boxenwände hinweg miteinander und ignorierten uns völlig. Uns blieb keine andere Wahl, als zu gehen.

„Die Erstpflegerinnen", flüsterte Bea, als unser Häufchen sich bei der Tafel versammelt hatte.

„Die haben gleich den Springkurs mit Karen", sagte Katja.

Dann hätten wir beinah auch noch den dritten Bus verpasst, weil wir uns da an der Tafel festgequatscht hatten. Alle plapperten nervös und fragten einander, ob sie sich trauen sollten, sich für den Pflegerkurs oder die Ausritte oder die Schnitzeljagd mit Wurstgrillen anzumelden.

„Macht ihr im nächsten Schulhalbjahr weiter?", wollte Bea dann wissen.

„Ist ja wohl klar, dass wir alle zusammenbleiben", meinte Caro. „Wir sind die beste Gruppe."

„Ich werde weitermachen", sagte Alba.

„Und du, Jola?", fragte Bea.

„Ich hab mich noch nicht entschieden", sagte ich, während eine Menge durch meinen Kopf schwirrte. Es tat ein

bisschen weh, als ich darüber nachdachte, dass Alba weitermachen und dann so richtig pferdenärrisch werden würde. Dann wurde ich etwas fröhlicher. Denn mir fiel ein, dass ich, sollte ich die zehnte Reitstunde überleben, hoch erhobenen Hauptes nach Hause gehen konnte. Dann könnte ich wieder dazu übergehen, mit Marmelade auf dem Sofa abzuhängen und mich auszuruhen, bis Alba vom Stall heimkam.

Ich war so in Gedanken, dass ich zuerst gar nicht hörte, was die anderen Mädchen sagten. Doch dann drängten sich die Worte langsam durch alle verworrenen Gedanken und ich sah erstaunt auf.

„Du musst weitermachen, Jola", baten sie im Chor.

Die Wunschliste

Ich schrieb zwei Wunschlisten. Eine für den Fall, dass ich mit dem Reiten aufhören, und eine, falls ich weitermachen würde. Trotz Albas Drängen hatte ich noch keine der beiden offiziell gemacht.

Es sollte einen festlichen Abschluss in der Reitschule geben. Alle, die runtergefallen waren, mussten eine Torte mitbringen. Da nur Alba runtergefallen war, würde es nur eine Torte geben.

Am Dienstagnachmittag halfen wir einander beim Backen. Zuerst kauften wir im Supermarkt große Tortenböden, Bananen, Schlagsahne und gefrorene Erdbeeren. Dann gingen wir zu Alba und legten los. Ich zermatschte die Bananen, während Alba die Schlagsahne schlug. Dann mischten wir ein bisschen von der Sahne mit den Bananen und klatschten das Ganze zwischen die Tortenböden. Den Rest der Sahne schmierten wir rund um die Torte und die Erdbeeren drückten wir obendrauf. Albas Papa zauberte einen Karton hervor, in dem wir sie tragen konnten. Danach setzten wir uns in Quasselstellung auf Albas Bett.

„Mama und Papa sagen, dass ich mit dem Showtanzen aufhören muss, wenn ich weiterhin reiten will", erzählte Alba. „Es ist zu teuer, beides zu machen."

Ich nickte und tat mein Bestes, verständnisvoll zu wirken. Alba maulte, wie doof es sei, sich zwischen zwei Dingen entscheiden zu müssen. Erst später, als ich schon zu Hause war, fiel mir etwas auf: Alba ging fest davon aus, dass ich mit dem Reiten aufhören würde. Das war so traurig, dass ich fast zu heulen angefangen hätte. Doch da rief Papa, dass das Essen fertig sei, und ich vergaß es kurz.

Ich setzte mich an den Tisch, mampfte den Fisch in mich rein, den Papa gekocht hatte, und versank im Geplauder meiner Familie. Jack erzählte vom Abschlussfest bei seinem Hockeyclub. Mama seufzte bedauernd, weil sie es vermutlich nicht rechtzeitig dorthin schaffen würde. Und Papa fing begeistert an, Jack über das Hockeyspielen auszufragen und Fahrten zur Eishalle zu organisieren und solche Sachen. Da kam das traurige Gefühl bei mir zurück, das „Keiner-rechnet-mit-mir"-Gefühl.

„Ich hab diese Woche auch Abschlussfest", sagte ich laut. „Aber da denkt wohl keiner dran, hinzukommen."

„Das ist doch nichts Besonderes, Jola?" Mama sah mich erstaunt an. „Das ist doch nur der Abschluss des ersten Halbjahrs in der Fünften, oder?"

„In der Reitschule", fauchte ich mit Tränen in den Augen. „Am Mittwoch ist das letzte Mal."

„Aha", sagte Mama und sah erleichtert aus.

„Endlich vorbei ...", meinte Jack mit seinem Grinsen.

„Dann gehen wir danach etwas Leckeres essen", versprach Papa. „Und feiern Jolas erstes ganzes Halbjahr mit einem Hobby."

„Gut gemacht, Süße", lobte mich Mama.

Ich stand auf, stampfte in mein Zimmer und schlug die Tür so laut hinter mir zu, dass es krachte. Dann lag ich stundenlang im Bett, mein Gesicht in Marmelades Pelz vergraben, und fühlte mich falsch verstanden. Das Beste wäre wohl gewesen, wieder rauszustolzieren. Ich könnte mich vor den Fernseher stellen und sagen, dass ich sehr wohl gedachte, mit dem Reiten weiterzumachen. Nur damit das klar war! Und was glaubten sie wohl, wie es sich anfühlte, wenn die eigenen Interessen wie *Luft* behandelt werden? Wenn darauf gepfiffen wurde, zumindest mal *nachzufragen*, was ich wollte?

Das Problem war nur, dass ich selber auch nicht wusste, was ich wollte. Die Pferde waren mir noch immer unheimlich und die ganze Sache war viel zu gefährlich. Obwohl es sich gleichzeitig so anfühlte, als stünde eine Tür halb offen. Karen sah heraus und winkte mir zu. „Das geht alles gut", sagte sie. „Das wird lustig."

Als ich die Augen zumachte, sah ich Sambas süßen Kopf und mir fiel auf, dass er fast genauso gut im Zuhören war wie Marmelade. Und die Tatsache, dass er sich manchmal hinlegte, war ja eigentlich kein großes Ding. Nicht, wenn man wusste, was man tun musste …

Ich war eingeschlafen, als Mama kam, um nachzusehen, was ich so trieb. Sie folgte mir ins Bad und überprüfte, ob ich die Zähne ordentlich putzte.

„Du warst ein bisschen still beim Abendessen, Jola", sagte sie, als sie mich wieder ins Bett brachte. „Das passt so gar nicht zu dir." Dann machte sie das Licht aus und ging raus. Die Tür stand wie immer halb offen, damit Marmelade aufs Klo gehen kann, wenn er will.

Ich wollte Mama zurückrufen, sie dazu bringen, bei mir am Bett sitzen zu bleiben und für mich zu entscheiden. Sie sollte sagen: „Nein, Jola. Das mit den Pferden, das ist nichts für dich. Erinnerst du dich an deine blauen Zehen?", oder aber: „Entscheide doch ein Halbjahr nach dem anderen. Es wäre schon sehr schön, wenn du und Alba ein gemeinsames Hobby hättet."

Oje, oje, oje, lauter verdrehte Gedanken …

Der letzte Strich, oder?

Das letzte Mal, war das Erste, was ich dachte, als ich am Mittwoch aufwachte. Damit angefangen, ging es direkt so weiter. *Das letzte Mal*, dass ich in den weichen Winterstiefeln, die einen Abdruck von Buttricks' Hufen haben, zum Bus stampfe … *Das letzte Mal*, dass ich die Ärmel von Mamas Jacke hochkrempe und seufze, weil sie sofort wieder runterrutschen … *Das letzte Mal*, dass ich mit Alba im Bus sitze und wir über Pferde reden. *Das letzte Mal*, dass wir nutzlose Ratespiele darüber spielen, was sich Karen wohl für die heutige Reitstunde ausdenken wird.

Ich war so erfüllt von den ganzen *Das letzte Mal*-Gedanken, dass ich Tränen in den Augen hatte, als ich Alba endlich um drei an der Bushaltestelle traf.

„Stell dir vor, wir dürfen galoppieren." Albas Augen leuchteten, als sie mich ansah.

„Wir müssen vermutlich erst mal lernen, wie man trabt", sagte ich mit düsterer Stimme.

„Jaaaa! Ich will lernen, wie man leichttrabt!", entfuhr es Alba da.

„Das will ich auch", seufzte ich. „Also, dass es leicht ist zu traben."

„Musst du so mürrisch sein?", fragte Alba. „Das ist doch eh das letzte Mal für dich. Du solltest froh sein."

AUA! AUA! AUA!

Es tat mir überall weh, mit Alba zum Stall zu laufen. Zu sehen, wie glücklich sie war, während sie da so mit ihrem Tortenkarton in der Hand ging. Es schien sie nicht im Mindesten zu kümmern, dass es das letzte Mal war, dass ich dabei war. Es tat weh, sie mit allen Reiterfreundinnen plaudern und sich in die Liste für den Ausritt eintragen zu sehen, ohne nachzufragen, ob ich mitwollte. Es tat weh, dass sie nicht versuchte, mich zu überreden. Und es tat am meisten weh, zu sehen, wie sie mit den anderen Mädchen um Karen herumwuselte, ohne sich einen Deut darum zu scheren, dass ich total einsam und außen vor war.

„Heute werden wir Gymnastik auf dem Pferd machen, so ähnlich wie Voltigieren", sagte Karen fröhlich, als wir alle versammelt waren.

„Nein!", sagte ich laut.

„Doch, das werden wir." Karen lachte. „Und die Pflegerinnen sind da, um euch dabei zu helfen."

Beim zehnten Mal passiert es schließlich, dachte ich, während ich gleichzeitig schon die Schlagzeilen vor mir sah:

Elfjährige stirbt im Stall – sollte Gymnastik auf einem Pferd machen!

„Das mach ich nicht", murmelte ich hinter Karens Rücken, doch Karen war vollauf damit beschäftigt, die Tafel abzuwischen, sodass sie zum Glück nicht hörte, was ich sagte.

„Das wird lustig, Jola!", sagte sie bloß und ging.

„Lustig für den Reitlehrer oder lustig für die Reitschüler?", fragte ich, doch da war Karen schon im Stallgang verschwunden, um nachzusehen, ob die Pferde fertig waren.

Als wir oben saßen, hakten die Pfleger die Steigbügel aus den Sätteln aus.

„Freier Fall, ohne Sicherheitsnetz", jammerte ich.

„So gefährlich ist es nicht." Elsa lachte, als sie mir half, einen Knoten in die Zügel zu machen, sodass diese still liegen konnten, ohne dass ich sie festhielt. Denn jetzt war Karen eingefallen, dass wir einfach nur dasitzen und fühlen sollten, wie die Pferde sich bewegten. *Einfach!* Ich vermisste die Steigbügel und mir wurde ganz schwindlig, weil sie nicht mehr da waren. Zum Glück durften wir uns am Sattel festhalten, bis wir in Schwung gekommen waren, wie Karen das nannte. Als ich auf meine Hände runtersah, die sich am Sattelknauf festhielten, hatte ich wieder solche eklig weißen Knöchel.

Zwei ganze Runden lang wurden wir in Ruhe gelassen, dann sollten wir die Arme rechts und links ausstrecken, und als ob das nicht schon genug war, sollten wir auch noch damit herumrudern, rundherum. Wie ein Propeller. Karen hatte massenweise Übungen auf Lager. Die eine schlimmer als die andere. Und keine Chance, ihr zu entkommen. Doch das Schlimmste war das Herumschwingen. Ich weiß gar nicht, wie ich das erklären soll. Es fängt so an, dass man das Bein, das nach draußen in Richtung Bande zeigt, herüberhebt, sodass beide Beine nach innen zeigen. Dann soll man die Innenhand vorne an den Sattel legen und die Außenhand hinten, und herumschwingen, sodass man mit dem Bauch auf dem Sattel liegt. Schafft man das, schwingt man das Außenbein wieder zurück und setzt sich auf.

Es wurde ziemlich lustig mit allen, die auf dem Boden statt auf dem Pferd landeten und riefen: „Warte!", während die Pflegerinnen einfach weiterliefen. Karen gab natürlich nicht nach, bis alle eine komplette Drehung geschafft hatten. Und dann war es auch schon an der Zeit, mit dem Traben anzufangen. Die Pflegerinnen bekamen die Order, langsam zu joggen, und wir durften uns anfangs am Sattel festhalten. Wie das hüpfte! Und wenn man erst mal mit dem Hüpfen angefangen hatte, war es schwer, wieder aufzuhören. Es war wieder wie in diesem alten Kinderlied: „Hoppe, hoppe, Reiter …" Doch ich fiel nicht in den Graben.

Die letzte Herausforderung war, mit zur Seite ausgestreckten Armen zu traben. Da war es dann nicht nur ich, die sich beschwerte. Alle in der Gruppe quietschten laut und sagten, dass sie das mit Sicherheit nicht machen würden.

„Probiert es aus", sagte Karen. „Es macht doch nichts, wenn ihr runterfallt."

Ha! Typisch Karen! Doch natürlich bissen alle die Zähne zusammen und versuchten es, und natürlich landeten fast alle einige Male auf dem Boden neben den Pferden. Doch es war tatsächlich ziemlich okay und überhaupt nicht gruselig. Zuerst saß man da und wedelte rum und dann stand man plötzlich auf dem Boden. Nach einer Weile vergaß ich ganz, Angst zu haben.

Dann fiel Karen ein, dass es nicht reichte, nur mit ausgestreckten Armen im Sattel zu sitzen. Jetzt sollten wir auch noch die Augen zumachen. „Sitzt einfach da, entspannt euch und fühlt, wie die Pferde sich bewegen", rief sie. Also saß ich da, mit geschlossenen Augen, die Arme weit ausgestreckt und dachte tatsächlich an nicht besonders viel. Es schaukelte ein bisschen und Sambas Hufe schlugen angenehm auf dem weichen Boden auf.

„Sehr gut, Jola!", rief Karen. „Genau so soll das aussehen."

Hatte ich richtig gehört? Ich war so schockiert darüber, gelobt zu werden, dass ich die Augen öffnete und die Bande vorbeiflimmern sah. Doch mir blieb keine Zeit, richtig Angst zu bekommen, denn Karen rief: „Augen zu, Jola! Du kannst das!"

Nach der Reitstunde waren alle in der Gruppe ziemlich albern. Wir taumelten aus der Reithalle, nachdem wir die

Pferde der nächsten Gruppe überlassen hatten. Wir konnten nicht aufhören, darüber zu reden, wie lustig das gewesen war. Alle redeten durcheinander und gaben mit ihrer Leistung an.

„Ich bin zehnmal runtergeplumpst", meinte Alba.

„Dann fehlen dir nur noch achtundneunzigmal", erwiderte Bea grinsend.

„Das macht nichts", sagte Alba. „Ich fall gerne runter."

„Ich wurde jedenfalls gelobt, als wir mit geschlossenen Augen traben sollten", prahlte ich, doch niemand hörte richtig zu. Sie hatten jetzt angefangen, über das nächste Halbjahr zu reden und wie sie sich jetzt schon nach dem nächsten Mal Gymnastik sehnten. Zurück blieb ich, Jola Sandström – mehrere Lichtjahre von einem Platz in der Stallclique und ein ganzes Halbjahr Jammern davon entfernt, wieder ein Teil davon zu werden.

Ich hängte den Helm an seinen Platz neben den anderen Leihhelmen, während Alba mit Bea darüber plauderte, dass sie sowohl Weste als auch Helm zu Weihnachten geschenkt bekommen würde und dass sie in den Weihnachtsferien zusammen in den Stall gehen könnten. Ich musste mich selbst in den Arm kneifen. Gab es mich überhaupt noch? Dann kniff ich noch mal zu, so fest, dass mir Tränen in die Augen schossen. Es gab mich so sehr, dass es wehtat. Und als ich das dachte, fing ich wirklich an zu weinen.

Als Alba in den Umkleideraum schaute, stand ich da und versuchte, mein Schluchzen zu unterdrücken.

„Kommst du?"

Ich wandte mich um und beugte mich runter, um meine Tasche vom Boden aufzuheben. Dabei wischte ich verstohlen meine Tränen an meiner Jogginghose ab.

„Weinst du?", fragte Alba.

„Ich bin wohl etwas allergisch geworden", murmelte ich.

Alba lächelte, als ich das sagte – dieses Lächeln, das immer kommt, wenn sie denkt: Oje, Jola ist einfach echt bekloppt …

Warum sage ich dauernd solche Sachen?, dachte ich. Warum muss ich so sein, wie ich bin? Das Mädchen, das die tollste beste Freundin hat und trotzdem dauernd jammert. Die, die es selbst vermasselt hat, mit dem einzigen Jungen der Klasse, den sie wirklich mag, in den Weihnachtsferien zusammen zu sein. Gibt es jemanden, der versteht, wie unglaublich anstrengend es ist, ich zu sein?

Nun denn, ich war völlig darauf konzentriert, mich selbst zu bemitleiden, als ich hinter Alba durch den Stallgang trottete. Ich sah nicht mal Karen, die die Schubkarre mit dem Kraftfutter aus der Futterkammer schob.

„Hallo ihr zwei!", rief sie. „Habt ihr Lust, ein bisschen mit anzupacken?"

„Klar, kein Problem", sagte Alba.

Ich wog das Futter ab und Alba ging in die Boxen, um

das Kraftfutter in die Tröge der Pferde zu schütten. Als wir halb durch waren, tauschten wir. Erst, als ich bei fünf Pferden drin gewesen war, fiel mir auf, dass ich es verschwitzt hatte, Angst zu haben.

„Und, was sagst du, Jola?", fragte Karen, als wir ihr halfen, die Schubkarre wieder zu verstauen. „Du wirst doch sicher auch weitermachen mit dem Reiten?"

Es fühlte sich an, als wäre Karen eine Fee. Sie schwang ihren Zauberstab in der Luft und verwandelte mich in etwas, das tatsächlich einem Pferdemädchen ähnelte, als sie das sagte.

„Ich glaube, dass du eine richtig gute Reiterin werden würdest, wenn du es nur versuchst."

Die bekloppteste Freundin der Welt

Die Luft stand still. Der Augenblick, als Karen sagte, dass ich eine gute Reiterin werden könnte, gefror und hielt den Atem an. Karen und Alba verschwanden in Richtung Futterkammer, doch ich stand weiter in der Mitte des Stallganges, ein Scheinwerfer auf mich gerichtet. Samba sah mich mit seinen freundlichen schwarzen Augen an. Er nickte ein bisschen und scharrte mit dem Vorderhuf. Als ob er Karen zustimmen würde. Als ob er sagen würde: „Du schaffst das, Jola. Du schaffst das, wenn du es nur willst." Dann fügte er sogar noch hinzu: „Du kannst auch Tristan anrufen und ihm sagen, dass du es dir anders überlegt hast, dass du lieber mit ihm zu seiner Tante fährst als auf die Bahamas."

Ich sog den Pferdegeruch in tiefen Atemzügen ein und lachte laut auf, als ich daran dachte, dass eigentlich alles ganz leicht und selbstverständlich war. Das Geräusch meiner Winterstiefel auf dem Stallboden hörte sich plötzlich behaglich an. Die Pferde, die mich aus ihren Boxen heraus ansahen, waren alte Freunde. Es war beinahe so, als würden sie mich grüßen, als ich zur Futterkammer rannte, um mit Alba zu sprechen. Doch als ich dort ankam, war Alba wie vom Erdboden verschluckt. Nur Karen war da und sie war damit beschäftigt, Hafer in die Futterkarre zu füllen. Zu spät, schrie eine Stimme in meinem Kopf. Klar, dass es schon zu spät ist!

„Alba ist oben auf dem Heuboden", sagte Karen da. „Kannst du vielleicht zu ihr hochklettern und ihr dabei helfen, Heu runterzuwerfen?"

„Heu … auf dem Heuboden?" Ich war so erleichtert, dass ich mich zwingen musste, nicht auf Karen zuzustürmen und sie zu umarmen …

„Ja, dort bewahren wir für gewöhnlich das Heu auf", sagte sie und lachte.

Auf dem Heuboden war es pechschwarz und unheimlich.
„Alba!"
„Komm her und hilf mir." Alba kämpfte mit einem Heuballen, den sie durch eine Lücke zu drücken versuchte.
„Ich muss dir was Wichtiges sagen", meinte ich.
„Wir können später reden", keuchte Alba. „Karen braucht Hilfe."
„Es ist aber wichtig", sagte ich.
Da horchte Alba auf. Sie stemmte die Arme in die Seiten und sah mich intensiv an.
„Ich weiß, dass ich dich nicht zwingen kann, die glei-

chen Sachen zu mögen wie ich", sagte sie. „Aber du bist meine beste Freundin und ich mag dich in jedem Fall."

Ich war baff und diese dummen Tränen strömten schon wieder über mein Gesicht.

„Sei doch nicht traurig, Jola", meinte Alba.

„Aber ich bin froh", antwortete ich und wischte mir übers Gesicht. „Weil du meine beste Freundin bist und weil du mich gezwungen hast, mit dem Reiten anzufangen."

„Und weil du jetzt wieder damit aufhören kannst." Alba lachte.

„Ich weiß, dass ich anstrengend bin", sagte ich. „Dass ich immer übertreibe und dass ich faul bin und oft genauso egoistisch wie Marmelade." Ich hätte noch mehr Sachen aufzählen können, doch Alba unterbrach mich.

„Aber so bist du eben, Jola", meinte sie.

„Ich weiß", sagte ich. „Und ich verstehe, dass du es nicht mehr schaffst, mich mit zum Stall zu schleppen, und dass du genug davon hast, dass ich mich immer beschwere und jammere."

Jetzt sah Alba richtig besorgt aus. „Geht's dir nicht gut, Jola?", fragte sie.

Alba sah so nett und mitleidig aus, dass ich schon wieder anfing zu heulen. Es war wirklich lächerlich, doch es fühlte sich plötzlich so abgrundtief schrecklich an, als ich hörte, dass sie mich im Stall schon längst abgeschrieben hatte.

„Es ist, als ob ihr mich bereits vergessen hättet", schniefte ich. „Es ist, als ob es mich gar nicht mehr gäbe."

Man hätte denken können, dass Alba mich umarmen und versuchen würde zu trösten, doch das tat sie nicht. Stattdessen brach sie in schallendes Gelächter aus und hüpfte herum wie eine Verrückte.

„Jetzt weiß ich, was los ist!", kreischte sie. „Du willst mit dem Reiten weitermachen und traust dich nicht, das zu sagen!"

„Na ja, was heißt da traust …", murmelte ich.

Alba zog mich zu sich und begann, in der Dunkelheit mit mir herumzutanzen. „Du bist die bekloppteste Freundin, die es gibt", sagte sie lachend. „Und wir werden die besten Pferdemädels werden. Zusammen!"

Willst du wissen, wie es mit Jola, Alba, Tristan
und der verrückten Sache mit
den Pferden weitergeht?

Lies jetzt schon rein in „Also echt, Jola!".

Tollpatschig, faul und voller Angst vor Pferden

Nachdem ich Alba quasi gestanden hatte, dass ich mir tatsächlich vorstellen konnte, mit dem Reiten weiterzumachen, hat sie die Gelegenheit sofort beim Schopf gepackt. Keine zehn Sekunden später waren wir für den Ausritt während der Weihnachtsferien angemeldet …

Doch jetzt, einen Tag vorher, bereute ich das. Ich war sicher, dass Ausreiten wirklich das Bekloppteste war, was man an einem verschneiten, eiskalten Dezembertag tun konnte. Alba und ich saßen in Quasselstellung auf meinem Bett. Zwischen uns lag Marmelade und zeigte uns seinen pelzigen Bauch. Dieser Verräter schnurrte einfach nur vor sich hin und begriff nicht, dass sein Frauchen sich einer Lebensgefahr aussetzen würde. Schon wieder!

„Welche Pferde werden wir bloß bekommen?", fragte ich.

„Das ist mir völlig egal", antwortete Alba.

„Ich finde, dass wir in der Reithalle bleiben sollten", fuhr ich fort. „Stell dir vor, die Pferde fallen im Schnee hin."

„Sei nicht so langweilig", sagte Alba und knuffte mich in die Seite. „Du magst doch Ausritte, gib's zu!"

Dann rollten wir erst mal auf dem Boden rum und taten so, als würden wir miteinander boxen und schrien: „Ich hasse dich", obwohl wir das natürlich nicht so meinten. Marmelade sah uns mit seinen gelben Augen an.

„Außerdem ist es total blöd, dass ihr wegfahrt", stöhnte ich, nachdem wir uns wieder aufs Bett gesetzt hatten.

„Das finde ich gar nicht", antwortete Alba. „Denn ich werde jeden Tag Snowboard fahren."

„Das ist so ungerecht."

„Du hasst doch Snowboard fahren!" Alba lachte.

„Trotzdem. Was soll ich denn machen? Es wird so unglaublich langweilig ohne dich werden."

„Du hast doch deinen Faultier-Club", sagte Alba. „Marmelade und du könnt die ganze Woche auf dem Sofa liegen und es euch gemütlich machen."

„Falls ich den Ausritt überlebe, ja", presste ich hervor.

„Das stimmt natürlich", antwortete Alba und tat so, als wäre sie total ernst. „Das ist nicht sehr wahrscheinlich."

Und nun? Mit Albas Unterstützung konnte ich nicht rechnen, das war klar. Also versuchte ich es bei Mama und Papa. Während des Abendessens saß ich still da und sah hinaus auf den Schnee, der vor dem Fenster tonnenweise runterkam. Gleichzeitig bemühte ich mich, sorgenvoll auszusehen.

„Woran denkst du, Jola?", fragte Mama schließlich.

„An Pferde, die hinfallen und sich die Beine brechen, weil es so glatt ist", antwortete ich mit düsterer Stimme.

„Jetzt denkt Jola drüber nach zu kneifen", bemerkte mein kleiner Bruder Jack lachend. „Ich wusste es!"

„Denke ich überhaupt nicht!", musste ich daraufhin wohl oder übel sagen. „Ich will nur Mama und Papa darauf vorbereiten, dass es vermutlich nicht so sicher ist, auszureiten, wenn es so viel schneit."

„Oh, wie fürsorglich!", sagte Papa.

„Welch ein Glück, dass du zu Weihnachten eine Sicherheitsweste bekommen hast", meinte Mama da grinsend. „Dann wirst du vielleicht trotz allem überleben."

Oh, wie ich es hasse, wenn sich Mama, Papa und Jack unter eine Decke stecken. Haben die überhaupt mal darüber nachgedacht, wie es ist, ich zu sein? Ein armes, unverstandenes Mädchen. Das sollten sie mal ausprobieren!

„Danke, dass ich euch so egal bin!", haute ich noch raus, bevor ich in mein Zimmer stapfte. Dann legte ich mich ins Bett, mit Marmelade im Arm, und weinte darüber, dass es auf der ganzen Welt niemanden gab, der sich um mich kümmerte. Als Mama kam, um zu fragen, ob ich mit ihr einen Film anschauen wollte, drehte ich mich zur Wand und war trotzig.

„Weißt du was, Jola?", sagte Mama mit munterer Stimme. „Manchmal ist es gut, wenn man Sachen tut, obwohl man Angst davor hat."

„Du verstehst überhaupt nichts", brummte ich.

„Niemand zwingt dich zum Reiten", sagte Mama.

„Es ist nicht nur das Reiten", antwortete ich. „Alba wird

eine ganze Woche weg sein und ich weiß nicht, was ich dann machen soll."

„Dann musst du wohl jemand anderen anrufen. Wie wär's zum Beispiel mit Tristan?"

„Wohl eher nicht", murmelte ich.

„Warum das denn jetzt wieder nicht?", fragte Mama. „Du hast doch gesagt, dass du ihn magst."

„Geh weg!", fauchte ich.

„Meine Güte", sagte Mama seufzend und ging aus dem Zimmer. Am liebsten hätte ich mich entschuldigt und sie gebeten zu bleiben. Doch dann hätte sie bestimmt die ganze Lügensuppe aus mir herausgekitzelt, die ich mir eingebrockt hatte, als Tristan mich gefragt hatte, ob ich in den Weihnachtsferien zum Hof seiner Tante mitkommen wollte. Als ich so nervös geworden war, dass ich ihm erzählt hatte, dass wir über Weihnachten auf die Bahamas fliegen würden. Mama würde das überhaupt nicht verstehen. Bahamas! Wo kommt das denn bitte her?

Also echt, Jola! erscheint am 14.09.2016.